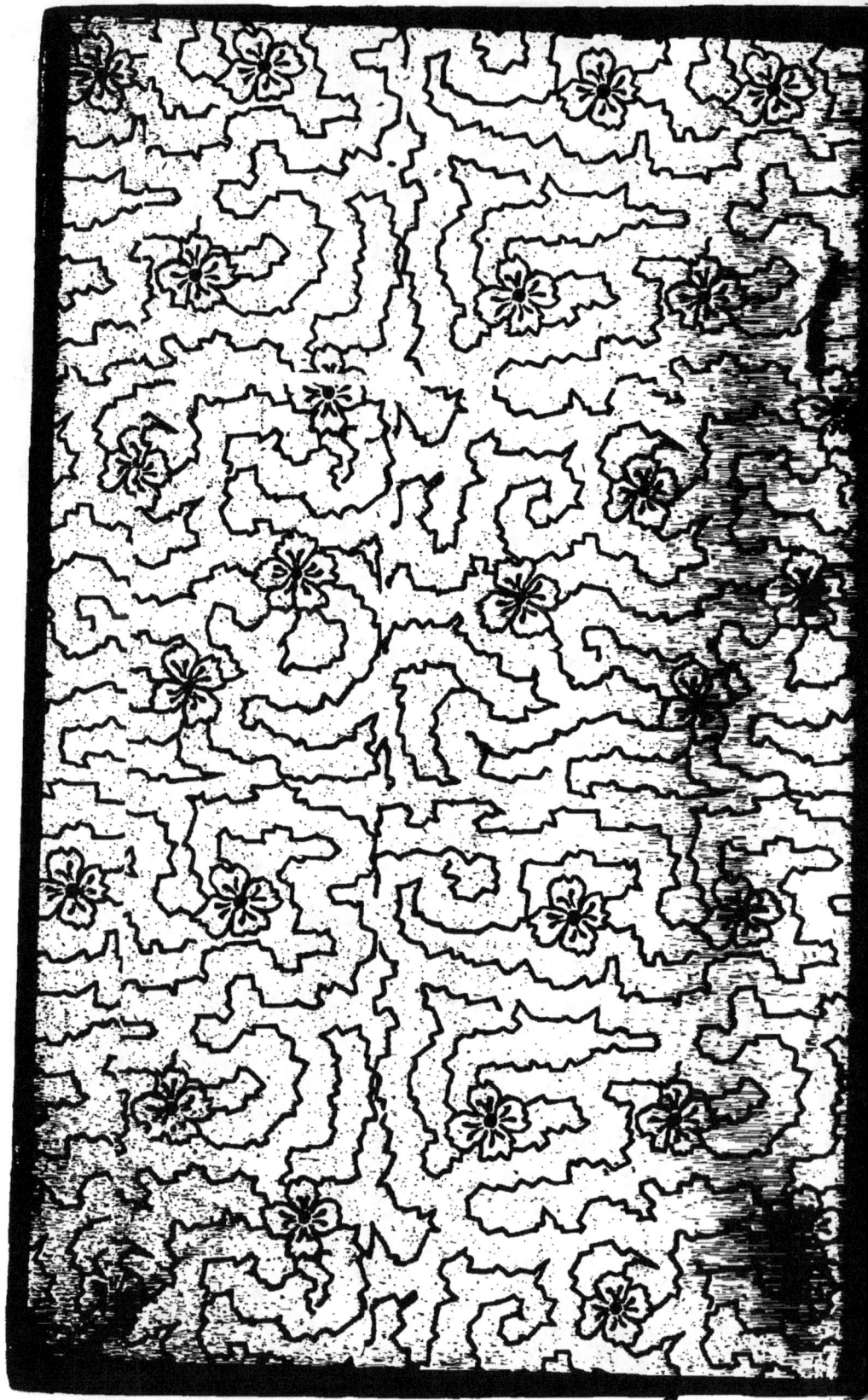

J. GUADET

LES AVEUGLES

SA VIE, SES DOCTRINES, SES ÉCRITS

PAR

Maurice de la Sizeranne

TOURNON

Typographie et Lithographie J. Parnin

—

1885

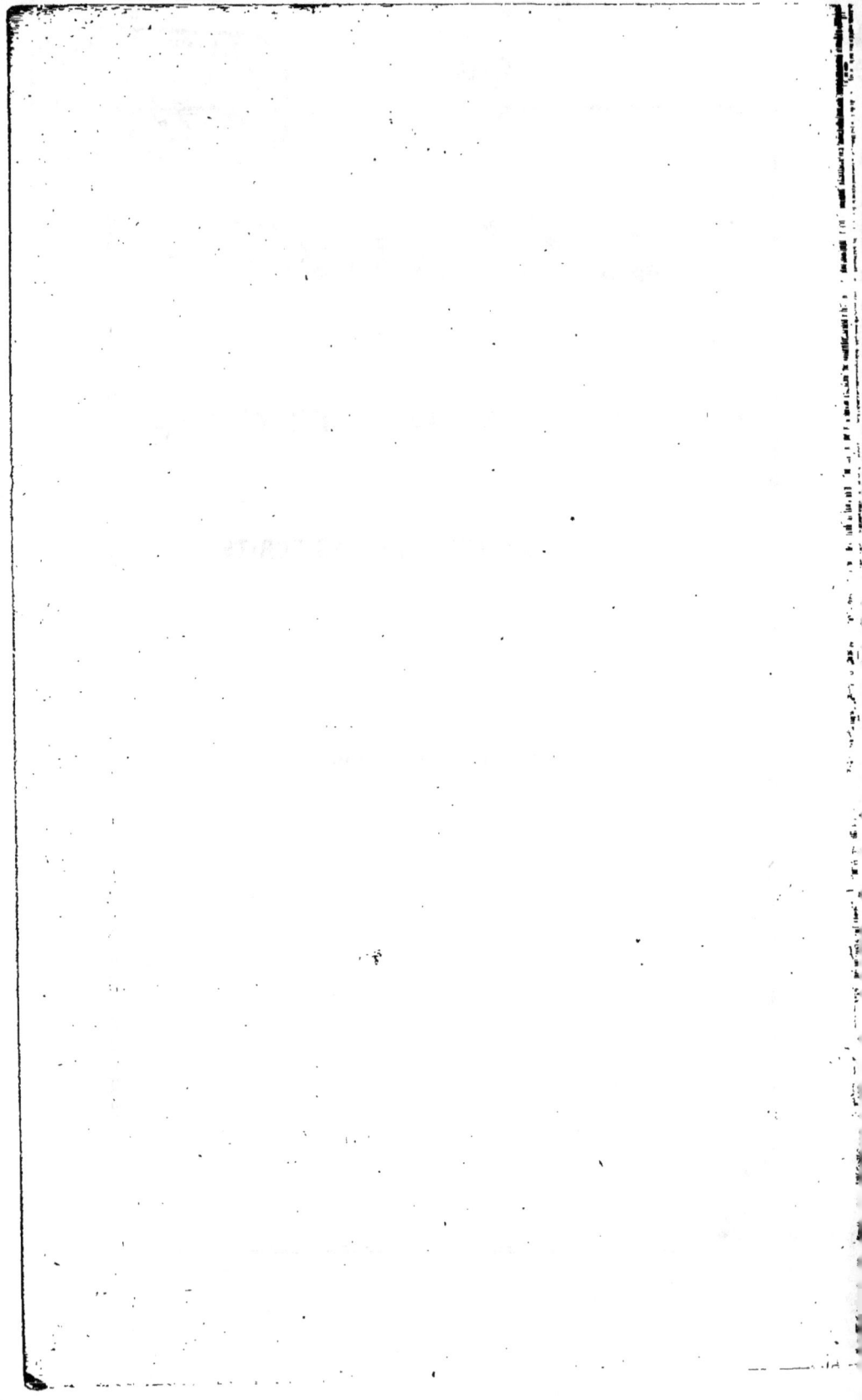

J. GUADET

ET LES AVEUGLES

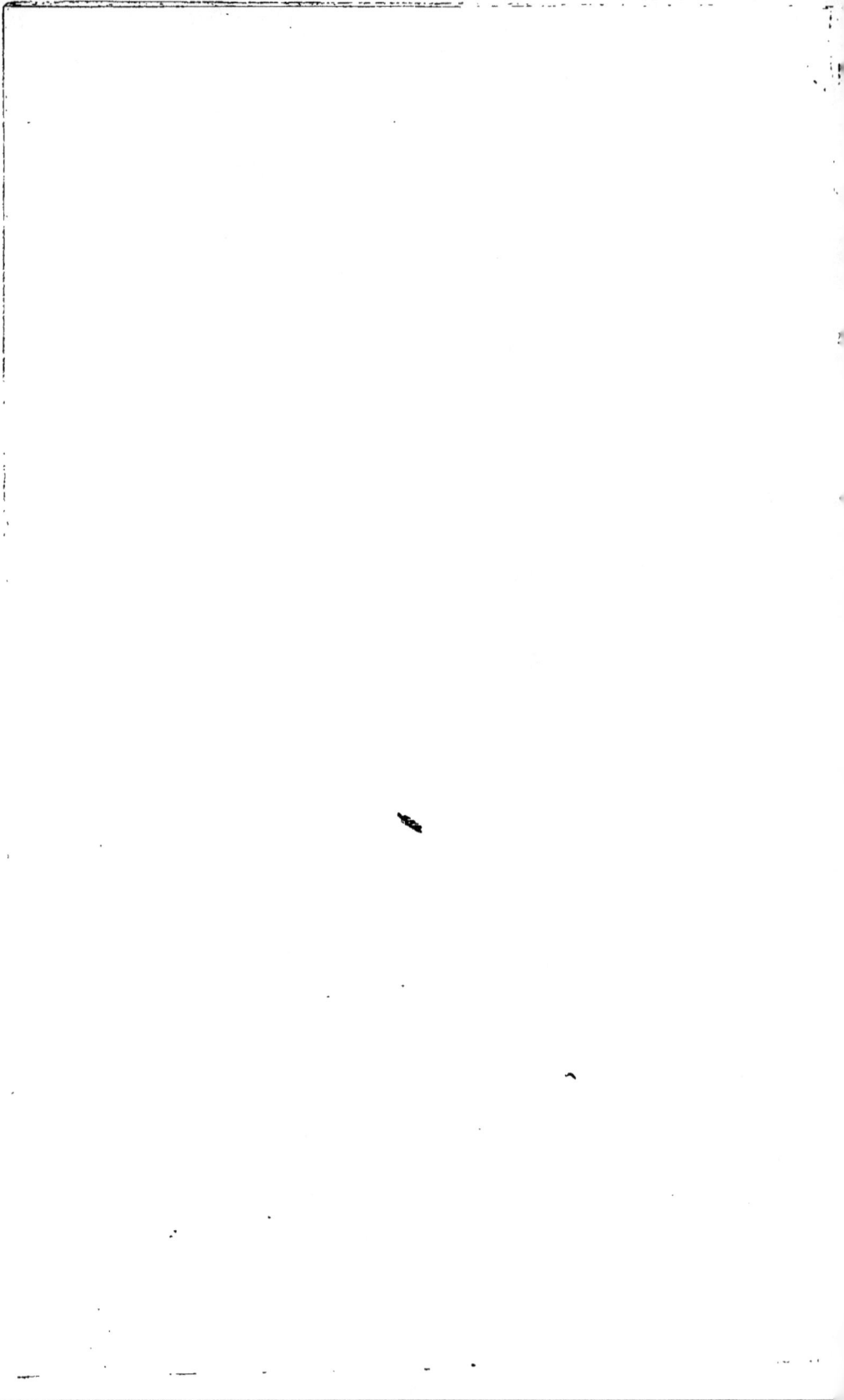

J. GUADET

ET

LES AVEUGLES

SA VIE, SES DOCTRINES, SES ÉCRITS

PAR

Maurice de la Sizeranne

TOURNON

Typographie et Lithographie J. Parnin

—

1885

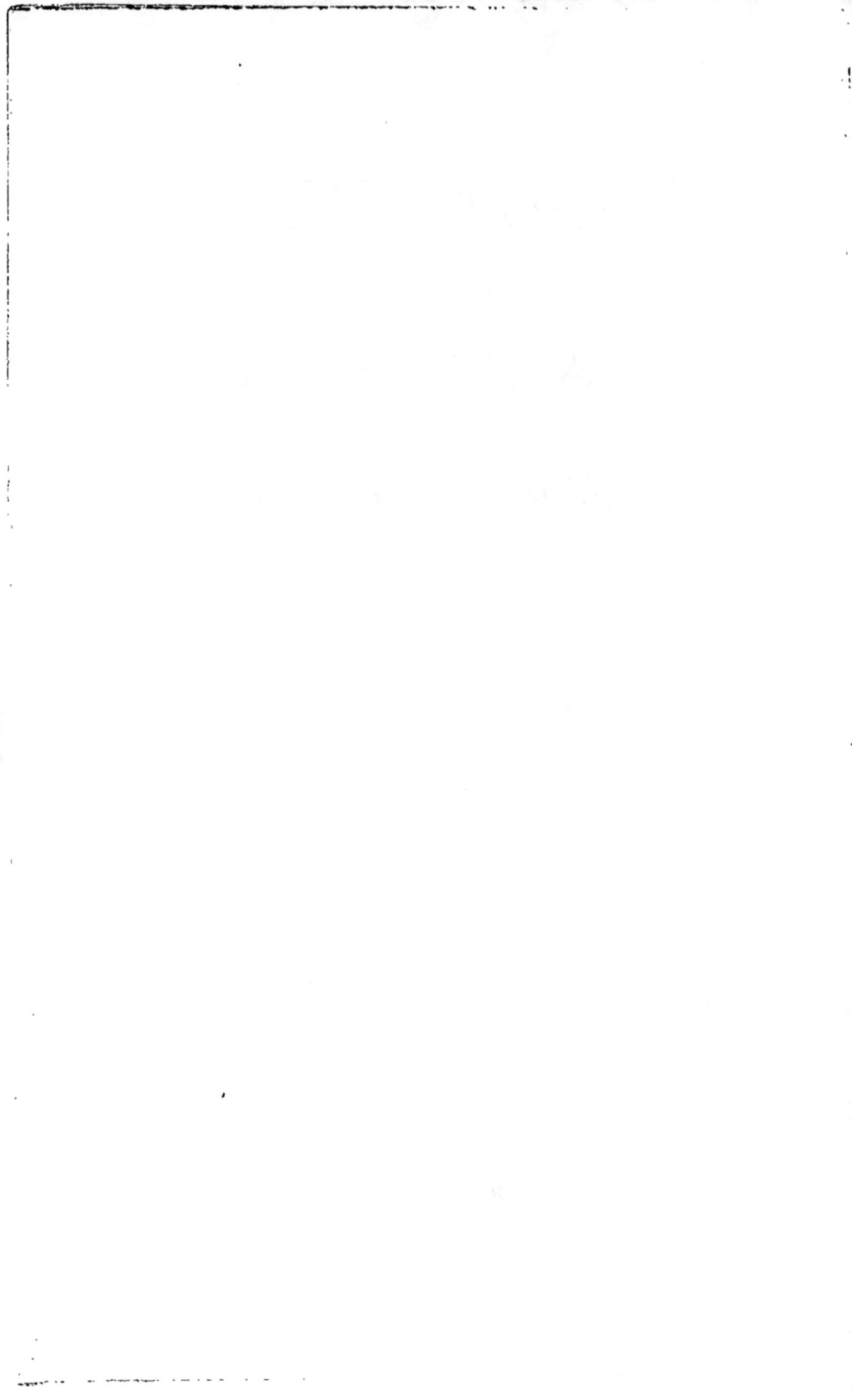

AVANT PROPOS

En 1882, deux ans après la mort de J. Guadet, Monsieur Julien Guadet publia sur son père une intéressante biographie, dans laquelle il résumait à grands traits, la longue carrière de cet homme de bien et d'étude. (1)

Je ne viens pas ici recommencer ce travail déjà fait et bien fait ; mon ambition est plus modeste, et mieux en rapport avec mes connaissances spéciales. Guadet fut, pendant trente ans le second fontionnaire de la plus grande école d'aveugles qui soit dans le monde, pendant trente ans il se consacra à l'éducation et à l'enseignement des jeunes aveugles, et approfondit toutes les questions qui s'y rattachent. C'est donc Guadet instituteur d'aveugles, Guadet auteur d'ouvrages sur

---

(1) J. Guadet. — Notice biographique. Paris. Alphonse Picard. 82, rue Bonaparte, 1882, in-8° de 21 pages ;

Cette notice se trouve aussi en tête de la 2me édition, d'un des principaux ouvrages historiques de Guadet « Henri IV, sa vie, son œuvre, ses écrits par J. Guadet ; deuxième édition précédée d'une notice biographique sur l'auteur, Paris A. Picard, (1882) » 1 vol, in-8° de XXIV pages de notice et de 421 pages.

les aveugles, qui fera l'objet de ce travail divisé
en trois parties. Dans la première partie je cher-
cherai à montrer ce que fut la vie de Guadet
à l'Institution nationale des jeunes aveugles.
La seconde sera consacrée à l'exposition de ses
doctrines sur l'éducation et l'emploi des aveugles,
dans la troisième enfin je ferai l'examen de ses
écrits spéciaux.

Je n'ai pas la prétention d'étudier le caractère
de Guadet, de montrer le développement de ses
idées ; non, mon but est essentiellement pratique.
Sans doute, en écrivant ces pages, j'ai eu l'intention d'honorer un homme qui a tant fait pour les
aveugles, mais je me suis surtout efforcé d'être
utile à ceux qui se sont donné la même mission
que lui. J'ai voulu leur offrir l'exemple de la vie
studieuse de Guadet, et leur présenter un résumé
méthodique de ses idées sur les questions relatives aux aveugles. Ce dernier travail était nécessaire, vu l'étendue et la rareté des ouvrages dans
lesquels ces appréciations sont disséminées.

D'ailleurs, l'hommage le plus sérieux que l'on
puisse rendre à un homme comme Guadet, n'est-
ce pas de montrer que son œuvre aura été utile
non seulement à ses contemporains, mais encore
à ceux qui viendront après lui ?

J. GUADET

ET

LES AVEUGLES

PREMIÈRE PARTIE

SA VIE

—

INTRODUCTION

Pour retracer avec une parfaite fidélité la vie de
Guadet au milieu des aveugles, il faudrait avoir
vécu avec lui, avoir été à ses côtés durant sa longue et laborieuse carrière, d'aboi d comme son
élève, puis comme son collaborateur. Rien de tout
cela ne m'a été donné, et si une étude attentive
de ses écrits sur les aveugles, imprimés ou manuscrits, un dépouillement minutieux de sa volumi-
neuse correspondance avec les hommes spéciaux
de tous les pays du monde, ont pu me familiari-
ser avec les idées, les doctrines de Guadet, j'a-
voue volontiers que cela m'a plus fait connaitre
le pédagogue, l'écrivain, que l'homme lui-même

dans sa vie de tous les jours. Aussi est-ce dans la première partie de de cette étude que je me sens le plus au-dessous de ma tâche. Mais, puisque un concours de circonstances que je suis loin de regretter m'a en quelque sorte imposé ce devoir, je le remplirai de mon mieux, m'aidant d'ailleurs des conseils de ceux qui furent les élèves, les collaborateurs et les amis de Guadet.

Guadet, né à St-Emilion, le 1er novembre 1795, neveu du Girondin Guadet, ne commença à s'occuper des aveugles qu'en 1840, et voici comment il y fut amené. Dufau, son compatriote et son ami, était entré à l'Institution en 1815 comme second instituteur sous la direction du Dr Guillé, et, en 1816, il avait offert à Guadet l'hospitalité dans son appartement de l'Institution encore située rue Saint-Victor. Alors étudiant en droit, Guadet commença à être ainsi rapproché des aveugles, auxquels il s'intéressait, mais dont il ne s'occupait pas. Devenu licencié en novembre 1818, il dut, pour faire son stage d'avocat, quitter son ami Dufau et son modeste gîte de la rue St-Victor et vécut 22 ans absolument en dehors de l'Institution où il ne venait que pour voir Dufau, avec lequel il entreprenait des travaux d'érudition (1) ; mais celui-ci s'étant fait nommer directeur en 1840, et sentant qu'à cause de sa santé délicate il lui faudrait avoir à ses côtés un homme

(1) *Dictionnaire de Géographie ancienne comparée.* 2 vol. in-8° (1820). Collection des chartes, Constitutions et lois fondamentales des peuples de l'Europe et de l'Amérique. (En collaboration aussi avec M. Duvergier) 5 vol. in-8° 1822-1828, etc.

dans lequel il eût toute confiance, demanda avec instance et obtint que Guadet fût nommé second instituteur (1). Cette position, quoique modeste, eu égard à la valeur que Guadet avait déjà comme écrivain et comme érudit, était cependant plus avantageuse au point de vue matériel, que celle qu'il abandonnait ; de plus, elle était sûre et devait lui permettre de continuer les travaux historiques pour lesquels il avait un si grand attrait.

Mais indépendamment de ce mobile que j'appelerai matériel, il avait conçu depuis longtemps le désir de s'occuper des aveugles, et une fois que cet homme de cœur et de conscience eût pris possession de ses nouvelles fonctions, il s'y dévoua tout entier, décidé à y consacrer sa vie.

La carrière de Guadet, par rapport aux aveugles, me semble pouvoir se diviser en quatre périodes : 1° Guadet instituteur 1840-1854 (direction Dufau) : 2° Guadet receveur 1854-1855 (direction Dufau et Boué de Verdier), 3° Guadet chef de l'enseignement 1855-1863 (direction Boué de Verdier), 4° Guadet chef de l'enseignement (suite) 1863-1871 (direction Watteville et Romand), retraite, 1871.

---

(1) Les appointements attachés à cet emploi étaient de 2500 fr. (non nourri ni logé).

CHAPITRE Ier

1re période 1840-1854. Guadet instituteur (direction Dufau).

En 1840, les fonctions d'instituteur, comme beaucoup d'autres choses à l'Institution, n'étaient pas nettement définies ; on peut dire qu'à cette époque l'école venait seulement de trouver sa voie. Certes, elle avait déjà formé de bons élèves, et comptait parmi ses professeurs aveugles des hommes d'une haute distinction: Braille, Gauthier, Moulin, etc. Le Dr Pignier, trop oublié et trop méconnu par quelques uns, avait déjà compris l'immense parti que les aveugles pouvaient tirer de la musique, non plus cultivée comme art d'agrément, mais étudiée scientifiquement comme art professionnel ; avec l'aide de Gauthier, il avait commencé à organiser les classes de solfège, d'harmonie, de composition et d'orgue (1). Plusieurs des anciens élèves de l'Institution remplissaient dignement les fonctions d'organiste dans des cathédrales ou dans de grandes églises de Paris ou de province (2).

(1) La classe d'orgue fut organisée en 1822.

(2) En 1839, 27 organistes étaient déjà sortis de l'Institution et plusieurs autres, filles et garçons, étaient prêts à sortir. Dupuis était aussi très apprécié à Orléans comme accordeur.

Voir notices biographiques sur trois professeurs, anciens élè-

Mais tous ces aveugles étaient de brillantes individualités chez lesquelles la nature avait singulièrement facilité la tâche de l'école. Ce qui manquait, et ce qui, d'ailleurs, à cette époque, ne pouvait encore exister, c'était un état de choses établi, un plan d'organisation et d'études basé sur l'expérience et nettement déterminé. L'incertitude, l'indécision qu'on remarquait dans les grandes lignes du programme de l'Ecole, se retrouvaient dans les procédés d'enseignement. L'Anaglyptographie Braille était trouvée et publiée (1), beaucoup d'aveugles s'en servaient avec grand succès à l'Institution, les maîtres et les élèves l'appréciaient beaucoup, mais elle n'était pas encore adoptée officiellement et l'on continuait à imprimer les livres avec les anciens caractères. Le corps enseignant n'avait pas non plus une organisation bien précise, les professeurs aveugles ne portaient officiellement que le titre de répétiteurs, et le même répétiteur avait souvent des fonctions très diverses ; il enseignait par exemple les lettres, la musique et les travaux manuels (2).

ves de l'Institution des jeunes aveugles de Paris, par le Dr Pignier. Paris, imprimerie de Mme Ve Bouchard-Huzard, rue de l'Eperon, 5 (1859).

(1) Procédé pour écrire les paroles, la musique et le plain chant, par L. Braille, répétiteur à l'Institution royale des jeunes aveugles. Paris, imprimerie de l'Institution royale des jeunes aveugles, 1837. in-4°, broché, 67 pages en relief.

Seconde édition, revue corrigée et augmentée.

(2) Voir notices biographiques sur trois professeurs, citées plus haut.

La durée du service journalier de chacun était chose très variable ; tel répétiteur faisait jusqu'à 8, 10 heures de classe. C'était la période des essais, des grands dévouements, des initiatives personnelles, période féconde, attachante, mais qui, dans la vie d'une grande œuvre, doit forcément être suivie d'une organisation méthodique, régulière, dans laquelle les individualités s'effacent, les dévouements se refroidissent singulièrement, à moins, cependant, qu'ils ne soient soutenus par la foi et la vie religieuse. Les initiatives personnelles disparaissent pour faire place à une initiative plus générale ; les impulsions ne partent plus, comme au début, de chacun des collaborateurs encore peu nombreux, mais de la tête qui doit tout diriger, tout animer. Ici, il y a un grand écueil à éviter, c'est l'excès de la centralisation qui fait perdre aux personnalités toute leur énergie propre, et qui rend les hommes des machines dociles, obéissant servilement à l'impulsion venue de la direction, ne se donnant plus la peine de penser, de réfléchir, suivant sans conviction, sans élan et sans ardeur, toujours le même plan, toujours le même programme. L'unité dans ce cas est établie sans doute, mais c'est une unité sans variété, une unité inféconde, une unité morte.

Guadet, nous le verrons plus tard, sut toujours éviter cet écueil, il chercha et arriva à marquer à chacun son rôle, mais il demanda constamment pour lui et pour les autres une certaine liberté d'action, une latitude raisonnable, enfin la responsabilité, mais aussi l'honneur de ses actes.

J'ai dit qu'au moment où Guadet devenait instituteur, cet emploi était assez mal déterminé. Que peut être, d'ailleurs, un fonctionnaire nommé instituteur, dans un établissement où tous les employés, sauf l'économe et les gens de service, ne doivent être que des instituteurs puisque cet établissement est une maison d'éducation? Ce titre, il me semble, prouve que l'administration supérieure n'avait pas bien compris le vrai rôle de l'Institution. On considérait cet établissement beaucoup plus comme un hospice, une maison de bienfaisance, que comme une école. Dans l'esprit de bien des administrateurs, c'était une maison où l'on gardait pendant 8 ans de malheureux aveugles que l'on occupait, que l'on amusait (c'est le mot), en leur enseignant les éléments de chaque chose, puis un peu de musique et quelques travaux manuels. En conséquence, on donne à cet établissement un réglement copié sur celui d'un hospice, (Guadet le fait souvent remarquer) dans lequel la partie administrative tient la plus large place, et où la partie pédadogique est réléguée à l'arrière-plan. Un fonctionnaire s'occupe de l'instruction des pensionnaires, et on le nomme l'Instituteur ; mais le nombre des élèves étant trop considérable pour qu'un seul homme puisse en être chargé, on lui adjoint ce que l'on appelle des répétiteurs aveugles qui, en réalité, sont de véritables professeurs diri-

geant eux-mêmes leurs cours, sous la haute surveillance de l'Instituteur dont les fonctions peuvent
être assimilées à celles d'un censeur, d'un préfet
des études et de discipline.

Mais à ces fonctions générales de surveillance de
l'enseignement et de la discipline, Guadet joignait
des fonctions particulières de professeur ; il était
chargé des classes supérieures : littérature, histoire moderne, géographie. En outre, il devait
suppléer Dufau dans ses fonctions, car l'état de
santé de ce dernier exigeait souvent un repos
absolu, parfois même un éloignement momentané
de l'école. Guadet avait donc, en quelque sorte,
trois genres de fonctions assez différentes ; il était
professeur, puis chef des professeurs et des surveillants, et enfin véritable directeur de l'école.
Telles furent à peu près les conditions dans lesquelles il se trouva à l'Institution pendant la première période de sa carrière. On comprend aisément que selon le bon plaisir du directeur, ses
attributions pouvaient être ou très étendues ou
très restreintes, et cela tout à coup, du matin au
soir. C'est en effet ce qui arrivait avec le caractère
de Dufau rendu assez versatile par l'état nerveux
dans lequel il se trouvait souvent.

Quand Dufau se sentait bien portant, il voulait,
c'était son droit et son devoir, diriger l'école lui-
même, par lui-même, et n'entendait se servir de
Guadet que comme d'un agent principal, en quelque sorte d'un secrétaire actif ; et alors, par la
force des choses et la lettre du réglement, Guadet

se trouvait brusquement relégué dans la sphère la plus étroite de ses attributions. Cela lui déplaisait d'autant plus, qu'il prévoyait que dans un laps de temps quelconque, Dufau serait encore obligé de se reposer, et de remettre entre ses mains les rênes de la direction. Il aurait voulu conserver en tout temps une assez grande autorité, d'abord, pour empêcher des choses qu'il regardait comme fâcheuses et dont, comme directeur suppléant, il devait avoir les ennuis, et ensuite pour mener à bien les réformes et les améliorations que lui suggérait l'étude très sérieuse qu'il faisait de toutes les questions relatives aux aveugles. Guadet demandait donc sans cesse que dans le réglement ses fonctions fussent parfaitement déterminées, afin que personne ne pût y toucher, et que ce réglement fit de l'instituteur un fonctionnaire ayant une vie propre, à côté, mais un peu en dehors de celle du directeur, dont il ne voulait pas être simplement le premier agent. « On ne fait bien, disait-il, que ce qu'on fait de son propre mouvement, d'après sa propre inspiration et lorsque l'amour-propre peut être intéressé en quelque chose » (1).

On le comprend aisément, ces revendications de Guadet ne plaisaient pas toujours à Dufau ; aussi, entre ces deux hommes que des liens très amicaux unissaient comme particuliers, il y eut quelquefois des tiraillements pour les questions de service. Mais cependant il ne faudrait rien exagé-

(1) Rapport (manuscrit) 1852.

rer, et la correspondance qu'échangeaient Guadet
et Dufau lorsque celui-ci s'absentait, nous prouve
que les petits différents qui s'élevaient entre eux,
n'altéraient nullement les sentiments d'amitié qui
les unissait, et la haute estime que Dufau avait
pour son collaborateur. Voici, en effet, ce qu'il
écrivait à l'occasion d'un renvoi fait en son
absence, et pour lequel, par déférence, Guadet
l'avait consulté : « Vous eussiez agi comme vous
en aviez le droit que je n'aurais eu rien à dire ;
mais je ne vous en remercie pas moins de la déférence que vous avez eue pour moi dans cette circonstance. Je vous reconnais à ces traits de délica-
tesse. *Comptez* que, de mon côté, je suis bien
résolu à vous rendre la pareille, et que si j'y man-
quais jamais, l'intention n'y serait pas. » (1)

De son côté, Guadet, en 1877, année de la mort
de Dufau, écrivait ces lignes : « Enfant gâté dans
son jeune âge, Dufau fut quelque peu personnel ;
mais, par combien de qualités, il rachetait ce petit
défaut. Son cœur était naturellement bon, ses
habitudes douces, ses manières aimables ; ceux
qu'il aimait, il les aimait bien, et son affection
était solide ; il se plaisait à faire du bien, il en fit
souvent autour de lui et il le fit sans ostentation ;
il s'était même fait une théorie de la bienfaisance,
témoin plusieurs de ses écrits, et toutes les institutions charitables et philantropiques étaient dans
ses goûts. Ses facultés furent plutôt faciles que
fortes, aimables que profondes ; elles se répandi-

(1) Lettre de Dufau, Aix-les-Bains, 26 juin 1850.

rent sur une foule de sujets, mais toujours sur une
corde modérée, la modération en tout fut son
caractère dominant. Sa société était aimable, sa
conversation vive et même enjouée, quoique sa
santé ne fut pas toujours bonne ; il aimait le
monde, il se déplaisait seul, l'ennui le gagnait
aisément ; il s'était marié jeune et n'avait point
d'enfants, mais il avait rencontré une femme qui,
se pliant parfaitement à son caractère, lui appla-
nissait la vie autant qu'il est possible à une
femme de le faire ».

A l'opposé de Dufau qui était surtout un homme
d'imagination, d'impression, mais qui manquait
un peu de cet esprit pratique si nécessaire pour
diriger un grand établissement d'aveugles, Guadet, lui, ne se laissait pas aller à des rêveries
plus ou moins irréalisables, ni éblouir par de
vaines chimères : il voyait juste et voulait poursui-
vre des résultats pratiques. Il s'efforça de mettre
plus d'ordre et de régularité dans l'organisation
des classes et des études ; cherchant à faire bien
définir le rôle de chacun, à placer chaque individu
dans la sphère qui lui convenait. « C'est un
grand mérite, disait-il, pour qui dispose des autres, de savoir les mettre à la place qu'ils doivent
occuper avec honneur pour eux, avec avantage
pour autrui. Le grand secret pour donner aux
hommes toute leur valeur, pour leur faire produire tout le bien dont ils sont capables, c'est de
savoir les mettre à leur place. » (1)

(1) Les aveugles musiciens par J. Guadet, p. 55.

2

Ces réformes ne s'accomplirent pas sans désagréments pour lui, car, quelque tact et quelque prudence qu'il y mit, il dut forcément heurter les idées de professeurs habitués depuis longtemps à régler leur enseignement à leur guise.

Dans l'organisation de l'Institution, une des choses qui lui tenait certainement le plus au cœur et qu'il travailla énergiquement à faire établir, ce fut la division de l'enseignement intellectuel en deux parties bien tranchées : l'enseignement élémentaire que tous les élèves devaient recevoir, et l'enseignement supérieur qui ne devait être donné qu'aux musiciens, aux ouvriers d'une intelligence remarquable, ou alors aux élèves appartenant à des familles aisées, et, là, aussi il eut à subir bien des contradictions avant de faire triompher définitivement son système.

Dès qu'il eût reconnu l'immense importance des études musicales pour les aveugles, il s'appliqua à les développer, à les étendre, à leur faire donner la place qu'elles exigeaient et qu'on leur a toujours conservée depuis.

En entrant à l'Institution comme deuxième instituteur, Guadet avait compris que ce n'était pas un emploi qu'il acceptait, mais bien une mission, ce qui est tout différent. Dès lors les aveugles et tout ce qui les concerne devaient être l'objet de ses constantes préoccupations. Il se mit donc à approfondir la questions des aveugles sous tous les points de vue.

« Devenu directeur de l'Institut des jeunes aveugles, dit Guadet, Dufau comprit qu'il avait besoin d'un second dont les idées fussent en harmonie avec les siennes et qui, par ses études littéraires et mathématiques, fût capable de bien diriger les classes, qui possédât assez les langues étrangères (1) pour se mettre et rester en rapport avec les institutions des autres pays. Il me fit nommer instituteur. » (2)

Pour Guadet commença alors cette correspondance qui se prolongea durant toute sa carrière.

Comme homme de lettres, il s'était déjà signalé par des travaux d'érudition dont plusieurs avaient été couronnés par l'Institut (3). Une fois enrôlé dans la milice des instituteurs d'aveugles, il porta ses goûts d'investigations, de recherches du côté de l'histoire des aveugles, et commença cette longue série d'écrits spéciaux qu'il nous a laissés

(1) Guadet savait l'Anglais, l'Italien, l'Espagnol et le Portugais.

(2) Note manuscrite.

(3) Dictionnaire de géographie ancienne en collaboration avec Dufau (1819). Etat de l'Angleterre en collaboration avec Dufau (1820).
Introduction de l'histoire de Charles V (1822).
Collection des constitutions avec MM. Duvergier et Dufau (1822).
Mémoire de Buzot (1823),
Atlas de l'histoire de France (1831)
Mémoire sur les Ripuaires et sur les Arboriques (1832).
Mémoire sur les noms Gaule et France (1833).
Mémoire sur la Constitution de l'Empire des Francs (Médaille d'or décernée par l'Institut (1834).
Traduction de Grégoire de Tours pour la Société de l'Histoire de France (1835).
Mémoire sur les Impositions publiques dans les Gaules (1837).
Histoire de St-Emilion (Médaille) (1838).

sur cette matière. Souvent dans des solennités de
l'Institution, distributions de prix, etc., il était
chargé de prendre la parole, et il le faisait en
connaissance de cause, ne s'en tenant pas à des
banalités, à des rêveries sur les aveugles, prenant au contraire une question intéressante et
l'étudiant à fond, l'éclairant le plus possible par
les lumières que lui fournissaient les expériences
faites dans divers pays et à diverses époques.
Il sortait peu, travaillait beaucoup, et tout ce
qu'il faisait, il le faisait sérieusement. En 1853,
par exemple, M. Dufau lui ayant demandé un
rapport sur l'état actuel de l'Institution, Guadet
écrivit un mémoire qui a l'étendue et l'importance d'un véritable traité de pédagogie spéciale.

A cette époque également, il collabora à la
publication des *Annales de l'Education des
sourds-muets et des aveugles*, de M. Morel
Presque tous les articles sur les aveugles qu'on
trouve dans cette publication sont dus à Guadet.
Mais ce n'est pas ici le lieu de parler en détail
de ses écrits, j'y reviendrai plus tard ; je vou-
lais montrer simplement que dès cette époque
il devenait, en quelque sorte, *l'homme de
l'Institution*. De tous côtés on s'adressait à lui ;
il était de ceux qui grandissent leur emploi. Un
autre, dans la même situation, n'aurait été proba-
ment qu'une doublure de Dufau, lui, était *Guadet*.
Tout le monde savait qu'il y avait à l'Institution
de Paris deux hommes importants: M. Dufau et
M. Guadet ; je ne sais même pas jusqu'à quel

point il ne serait pas exact de dire : M. Guadet et
M. Dufau, car le deuxième instituteur était peut-
être plus connu, plus consulté que le directeur.

C'est vers la fin de cette période, que Dufau eut
l'intention de faire nommer Guadet sous-directeur,
pour se soulager plus complétement, et s'assurer
un digne successeur. Malheureusement ce projet
n'eut pas de suite ; Guadet conseilla à son
ami d'attendre, disant que l'administration supérieure le connaissait peu, (il était plus connu
en Angleterre, en Allemagne et jusqu'au Brésil,
qu'au ministère de l'Intérieur) et qu'il aurait peu
de chance d'être nommé. L'occasion passa...
Dufau qui renonçait assez vite à une idée, abandonna peut-être trop complétement ce projet, et
les événements se présentèrent dans la suite, toujours de telle sorte, que Guadet n'arriva jamais
à la direction de cette école qu'il avait cependant
tant contribué à rendre la première école d'aveugles du monde par le mérite de son enseignement,
comme elle l'est par son ancienneté.

En somme, cette première période de la vie de
Guadet au milieu des aveugles ne fut peut-être
pas la plus brillante, mais elle a été la plus méri-
toire, c'est celle que j'admire le plus. Il eut beaucoup à travailler, beaucoup à réformer, beaucoup
à combattre ; ce fut durant ce temps que se
prépara la période brillante de sa carrière, période
encore semée de travaux et de luttes, mais où le
travail était récompensé par des honneurs, par
des satisfactions d'amour-propre réelles, quoique

toujours modestes et où la lutte était soutenue pour défendre son système et non pour l'établir. Là, au moins, on est aiguillonné par l'amour de l'œuvre qui a coûté déjà tant de peines, et que l'on ne veut pas laisser détruire, ni amoindrir.

CHAPITRE II.

2ᵐᵉ Période, — Guadet receveur, 1854-1855.
(Direction Dufau et Boué de Verdier)

C'est au milieu de ces travaux qu'un coup aussi affreux qu'inattendu vint frapper Guadet au cœur. Le ministre supprima brusquement l'emploi qu'il occupait, créa sous-directeur un jeune sculpteur, et nomma Guadet receveur trésorier. On comprend combien une pareille mesure dut faire souffrir cet homme qui, depuis 14 ans, s'était consacré aux aveugles ; il se voyait écarté sans motif, simplement pour faire place à un favori, et était exilé dans un bureau de comptable, condamné à vivre avec des chiffres.... L'épreuve ne devait pas être longue ; mais, lorsque la bourrasque commence à souffler, sait-on jamais quand elle se calmera, et si nous ne finirons pas avant elle ? Guadet crut sa vie brisée... Il est dur à 59 ans, après toute une existence de travail, lorsqu'on a la conscience de ne pas être le premier venu, de se voir traiter absolument comme un employé subalterne, sans aucune valeur personnelle, que l'on place et déplace selon le besoin du moment... C'était cruel ! Voici en quels termes Guadet protesta :

« Monsieur le Ministre, j'apprends à l'instant que votre Excellence vient de m'ôter, ou est sur le point de m'ôter, mes attributions d'Instituteur des jeunes aveugles, et de me nommer receveur de l'établissement auquel j'appartiens.

Cinq fois lauréat de l'Institut, membre du conseil de la Société de l'Histoire de France, et choisi par cette Société pour éditer et traduire les historiens latins : Grégoire de Tours et Richer, membre de l'Académie impériale de Bordeaux, j'ai passé ma vie dans l'étude.

Depuis 14 ans, je me suis consacré plus spécialement à l'enseignement des aveugles, j'ai publié plusieurs écrits sur cet enseignement, composé des livres classiques ou dirigé l'impression des livres dont l'Institution fait usage. Je ne crains donc pas de le dire, (ce que je fais ici du reste pour la première fois, parce que j'y suis contraint et parce que mon dossier le constate), je ne crains pas de le dire : mes travaux n'ont pas peu contribué à placer l'Institution des aveugles, en ce qui touche l'enseignement, dans une position élevée.

Tout, dans mes antécédents, m'assigne donc, Monsieur le Ministre, une place parmi les savants et les instituteurs d'aveugles, rien dans ces antécédents ne m'a préparé à remplir les fonctions de receveur, fonctions dans lesquelles il m'arriverait infailliblement de faire quelque sottise qui m'attirerait infailliblement aussi une destitution, et une destitution de comptable est chose grave.

D'ailleurs, je ne puis croire que l'intention de

votre Excellence ait été de me frapper d'une défaveur, et les fonctions de receveur ont toujours été placées et par le rang et par le traitement, au-dessous de celles d'instituteur.

Vous avez nommé un sous-directeur, Monsieur le Ministre, bien que j'aie rempli les fonctions de sous-directeur pendant 14 ans avec dévouement et intelligence, je ne réclame pas.

Je sens aussi qu'il faut attacher des fonctions à ce titre de sous-directeur. Eh bien, tout naturellement et sans déplacer personne, votre Excellence ne pourrait-elle pas attacher au titre de sous-directeur de l'Institution impériale des jeunes aveugles les fonctions de receveur? De la sorte, toutes les conditions seront remplies et je ne serai pas jeté hors de ma sphère.....

J'ose espérer, Monsieur le Ministre, que votre Excellence voudra bien prendre en considération tout ce que je viens de lui exposer. »

Mais tout fut inutile. Il se soumit donc, et sans embrasser ses nouvelles fonctions avec zèle, ce qui aurait dépassé les forces humaines, il tâcha de les remplir avec exactitude. Il écrivait au directeur : « J'apporterai de la bonne volonté à défaut de talent. » Il sollicita la faveur de continuer à faire à ses chers élèves le cours de droit usuel qu'il avait entrepris récemment, mais cette satisfaction ne lui fut pas donnée.

Alors Guadet se renferma dans son bureau de trésorier. C'est presque lui faire injure que de dire qu'il ne chercha jamais à créer des embarras, des difficultés à l'administration de l'Institution ; les professeurs particulièrement liés avec lui continuaient à le visiter souvent. Mais il s'occupait peu de ce que faisait son successeur et ne pensa jamais à se donner le plaisir d'une basse vengeance en fomentant des mécontentements, chose qui lui eût été facile de faire. Il crut par exemple pouvoir se dispenser des travaux supplémentaires qu'il s'imposait auparavant: ainsi, il interrompit sa correspondance avec l'étranger, et cessa également de corriger les épreuves des livres que l'Institution avait accepté d'imprimer pour le Brésil.

Toutefois cette situation ne pouvait se prolonger, le sculpteur travesti en éducateur dut promptement être retiré du pas difficile où l'avait placé une main trop puissante. Lorsqu'il fut question de rétablir Guadet dans ses fonctions pédagogiques mais en les élargissant, les inspecteurs généraux lui demandèrent de leur faire connaître sa pensée sur le genre d'attribution qu'il convenait de donner au fonctionnaire placé directement à la tête de l'enseignement. Alors, sous le simple titre de « notes », Guadet rédigea un véritable mémoire, dans lequel il traçait en quelque sorte la ligne de conduite que l'administration supérieure avait à suivre dans cette circonstance, et, cette fois du moins, il fut entendu et en grande partie écouté. Le 10 mai 1855, il était nommé chef de l'enseignement (1).

On se demandera peut-être pourquoi à ce mo-

(1) Aux appointemeuts de 4000 fr.

ment la réparation ne fut pas complète, pourquoi l'on ne confia pas la direction à Guadet ? Il avait tous les titres nécessaires pour cela et il ne lui manqua sans doute que plus d'ambition et un peu aussi de ce puissant patronage, qui, pendant quelques mois, venait de faire d'un sculpteur le sous-directeur de la plus grande école d'aveugles du monde.

CHAPITRE III

3ᵐᵉ Période. — Guadet, chef de l'enseignement, 1855-1863, (Direction Boué de Verdier).

La nomination de Guadet comme chef de l'enseignement, d'ailleurs attendue par tous avec impatience, causa une profonde émotion dans toute l'école. On était attaché à Guadet, on le chérissait, on en était fier : M. Guadet revient parmi nous, il est nommé chef de l'enseignement. Cette nouvelle parcourut en un instant toute l'Institution, depuis le premier professeur jusqu'au dernier élève, et c'est avec une joie vraie et affectueuse qu'elle fut accueillie.

Les fonctions que Guadet allait remplir comme chef d'enseignement étaient en somme les mêmes que celles de second instituteur, avec cette différence toutefois qu'elles étaient notablement élargies et un peu mieux définies, quoique cependant il restât encore bien des points vagues, sujets à contestations, et qui furent en effet souvent contestés. Le chef de l'enseignement était chargé de diriger l'enseignement intellectuel et professionnel, donné par l'Institution, aussi bien dans le quartier des filles que dans celui des garçons. Il avait sous ses ordres l'Institutrice et tous les professeurs hommes ou femmes de l'école, et les surveillants des garçons. En résumé tout ce qui concernait l'enseignement, l'éducation et la discipline dans le quartier des garçons, et l'enseignement seulement dans le quartier des filles, aurait dû lui passer par les mains ; il en était responsable, et adressait un rapport annuel au ministre.

Si, dans l'Institution, maîtres et élèves accueillaient avec enthousiasme la reintégration de Guadet dans ses fonctions pédagogiques, celui-ci fut aussi plein de joie de se retrouver au milieu de ses chers élèves ; cette joie bien légitime se manifeste dans ce passage du discours qu'il prononça la même année à la distribution des prix, passage que je demande la permission de citer : « Après une séparation d'une année, longue à traverser, je me suis vu avec bonheur rappelé naguère au milieu de vous: là étaient mes souvenirs, mes affections, et, le dirai-je, mes espérances ! Il m'a semblé que je rentrais, pour ainsi dire, en possession de mon bien. Rien entre nous n'eût donc été changé si l'ancien Instituteur n'était devenu le chef d'enseignement (1). »

De son côté, M. Boué saluait la nomination de son premier collaborateur par cet éloge bien mérité : « L'Institution a déjà à remercier M. le Ministre de l'Intérieur de l'importante mesure par laquelle il a récemment créé, au sein de l'établissement, un chef de l'enseignement chargé sous l'autorité du directeur, de centraliser ce service essentiel et de donner l'impulsion à son exemple.

(1) Palmarès de 1854-55 p. 6.

Elle n'a pas moins à remercier son Excellence d'avoir appelé à ces hautes fonctions M. Guadet, cet instituteur éprouvé, aussi distingué par sa profonde érudition, que recommandé par sa longue expérience, et dont vous avez tous apprécié les bons services, les connaissances spéciales, le zèle et le dévouement » (1).

La période de la vie de Guadet que nous allons étudier est la plus brillante de sa carrière d'instituteur d'aveugles, mais non celle où son action dans l'intérieur de l'Institution fut la plus active et la plus efficace. Bientôt, en effet, il se heurta à la personnalité de M. Boué, homme jeune, intelligent, actif, travailleur, ami des détails, voulant s'occuper de tout, souvent avec raison. Celui-ci ne comprenait peut-être pas assez que lorsqu'on a le bonheur de trouver un collaborateur ayant la valeur et l'expérience que possédait alors Guadet, il est de l'intérêt de l'œuvre à laquelle on veut être utile de laisser à ce collaborateur un peu ses coudées franches, de causer avec lui de ce qu'il importe de faire pour le bien de l'établissement, mais cela, comme on le fait avec un ami que l'on consulte, plutôt qu'avec un subordonné auquel on donne des ordres. C'est ce que M. Boué ne fit peut-être pas toujours assez, et constamment, on le voit par les notes échangées entre lui et Guadet, il passait sur la tête du chef de l'enseignement pour atteindre directement un professeur, un surveillant ou un élève, dont il écoutait trop facilement les plain-

(1) Palmarès de 1854-55 p. 21.

tes le plus souvent injustes, que les subordonnés ne manquent pas de faire sur leurs supérieurs, lorsqu'on leur permet de briser l'ordre que la hiérarchie doit maintenir dans les relations qu'ont entre eux les membres d'un grand établissement. Guadet fatigué de la situation assez tendue qui lui était faite, et de voir constamment le directeur s'immiscer intempestivement dans des questions de détail qu'il n'aurait dû aborder qu'en conférant avec le chef de l'enseignement, finit par se retirer dans son cabinet de travail, d'où il sortit de moins en moins, jusqu'au jour ou M. Boué quitta l'Institution.

Il est juste de dire cependant que ce dernier estimait et reconnaissait les qualités de Guadet. En 1859, lorsque celui-ci obtint une augmentation de traitement, le directeur le lui apprit dans les termes suivants : « J'ai l'honneur de vous informer que M. le Ministre a, par un arrêté du 28 septembre dernier, porté votre traitement à 4,500 francs, à partir du 15 août précédent. Je vous adresse ci-joint une expédition de cet arrêté.

« Je suis heureux d'avoir à vous transmettre, monsieur, ce témoignage de satisfaction du Ministre pour vos longs et honorables services. » (1)

Comme chef de l'enseignement, on le sait, Guadet avait la direction des études du quartier des jeunes filles et, par conséquent, il se trouvait en rapports fréquents avec l'institutrice, Mlle Cailhe, tante de Mlle Marie Cailhe, dont l'institution dé-

(1) Lettre de M. Boué à M. Guadet, octobre 1859.

plore encore la perte. C'est là qu'auraient pu sur-
gir des difficultés dans l'exercice des nouvelles fonctions du chef de l'enseignement ; car jusqu'alors
l'institutrice avait été maîtresse dans son quartier,
où le directeur seul pouvait entrer avec droit de
contrôle. Il n'en fut rien cependant, grâce à la discrétion de Guadet et aux bonnes dispositions de
l'institutrice. L'un sentait qu'il devait s'en tenir
strictement à la direction de l'enseignement sans
chercher à s'occuper des détails concernant l'éducation et la discipline, détails qui ne pouvaient
être convenablement réglés que par une femme.
L'autre comprenait, dit Guadet dans un de ses
rapports, la nécessité, tout au moins le grand
avantage, qu'il y avait pour le progrès des études
dans le quartier des jeunes filles que la même
main experte en matière d'instruction pour les
aveugles, donnât l'impulsion dans les deux quartiers à la fois.

Toutes les questions se traitaient à l'amiable
entre le chef de l'enseignement et l'institutrice.
Mlle Marie Cailhe que j'interrogeais peu de jours
avant sa mort sur les rapports qui avaient existé
entre sa tante, puis plus tard elle-même, lorsqu'elle
fut appelée à la remplacer dans ses fonctions d'institutrice, et M. Guadet ; Mlle Cailhe me racontait,
avec le charme qu'elle savait mettre à ses récits,
comment la bonne harmonie régna toujours entre
le chef de l'enseignement et l'institutrice. L'hiver,
me disait-elle, lorsque le jour baissait, qu'il ne
faisait pas encore assez nuit pour avoir de la

lumière et pourtant plus assez jour pour lire et pour écrire sans fatigue, M. Guadet venait nous voir, comme il disait, entre chien et loup. Il se reposait quelques instants avant de reprendre son travail, en causant avec ma tante de ce qui intéressait l'Institution en général, et les jeunes filles en particulier. C'était là que nous nous entendions sur la marche à suivre et tout se réglait sans effort et sans contrainte.

D'ailleurs la tante et la nièce avaient une respectueuse et profonde admiration pour cet homme de bien, ce véritable ami des aveugles ; et nul doute que cette déférence ne contribuât aussi pour une large part à la facilité de rapports qui régnèrent toujours entre eux.

Avec ses professeurs, le chef de l'enseignement fut toujours en excellents termes ; très respecté par tout le monde, il jouissait d'une grande autorité morale ; il consultait fréquemment trois ou quatre de ses principaux collaborateurs et pendant plusieurs années il réunit mensuellement chez lui un certain nombre de professeurs, hommes ou femmes de l'Institution, avec lesquels il conférait sur des questions d'enseignement ou d'éducation. Là, il écoutait volontiers les observations toujours respectueuses qui lui étaient faites, et permettait qu'on exprimât librement son avis. Il aimait la franchise et écrivait à un de ses amis : « J'ai pour principe, qu'il faut toujours exprimer franchement sa pensée et admettre aussi franchement toute contradiction. Ce n'est qu'ainsi que la lumière se fait. Vous me direz donc, j'en ai la confiance et le désir, tout ce que vous pensez de mes idées. Libre carrière à la critique, je l'ai toujours recherchée plus que l'éloge, parce que, on gagne plus à l'une qu'à l'autre. Peu d'hommes sont faits ainsi, c'est un malheur, l'humanité progresserait plus vite s'ils étaient autrement. » (1)

En pratique, tout au moins, Guadet s'occupait plus des questions d'enseignement que des questions d'éducation et de discipline ; il se reposait volontiers des détails de l'intérieur sur M. Levitte, premier surveillant, qu'il réussit en 1859 à faire nommer surveillant, en chef, et, ce n'est que justice de le dire, il était aussi admirablement secondé de ce côté là ; car il avait eu la chance de trouver un homme qui voulant se consacrer à l'instruction des aveugles, s'était appliqué à en étudier jusqu'aux moindres détails. Sa grande préoccupation, on le sait et j'en parlerai souvent, était de faire faire aux aveugles de très fortes études musicales, pour cela il ne négligeait rien, et dans le but de donner à cette éducation une haute sanction qui pût servir d'appui auprès du public, il attirait le plus possible, à l'Institution, des artistes éminents, des professeurs du conservatoire. Il les invitait à entendre des concerts, les retenait à diner chez lui et ne manquait pas en pareille circonstance d'inviter deux ou trois membres du corps enseignant de l'Institution, afin de les mettre en rapports intimes avec ces grands talents.

(1) Lettre à M. Jonhson, Paris, 1863.

Mais, dans ces réceptions, Guadet conserva toujours beaucoup de simplicité ; il avait assez de valeur personnelle, et les honneurs de son salon était faits par une femme assez aimable et d'un esprit assez distingué, pour qu'on vint chez lui attiré par lui et par les siens, et non par le luxe et par la recherche de la table et du service.

C'est dans ce salon où vint, Halévy, Ambroise Thomas, et d'autres personnalités musicales ou littéraires, que François Coppée, il nous le dit lui-même (1), fit ses premières armes littéraires.

A peu près tous les deux ans c'était Guadet qui prononçait le discours de distribution de prix, et la plupart de ces allocutions apportent un nouveau jour sur les questions relatives aux aveugles. Lorsqu'il ne prenait pas la parole, il aimait à faire prononcer ces discours par un des professeurs aveugles, professeurs qu'il cherchait d'ailleurs à mettre le plus possible en relief.

C'est pendant cette période de la vie de Guadet que la Société de placement et de secours en faveur des élèves sortis de l'Institution fut définitivement constituée et commença à prendre un sérieux développement. Il fut successivement trésorier puis secrétaire de cette association ; il remplit ses fonctions avec exactitude, mais ne se consacra jamais avec beaucoup d'entrain à cette œuvre, non qu'il la désapprouvât : il la regardait au contraire comme très utile, mais parce que le direc-

(1) Voir l'article nécrologique sur Guadet par François Coppée dans « la Patrie » du 16 juillet 1881.

teur, M. Boué, en ayant fait pour ainsi dire son affaire, sa chose, et la dirigeant selon ses idées propres, Guadet, qui n'était pas toujours du même sentiment que M. Boué, se trouvait géné, entravé, et préférait rester un peu à l'écart.

L'autorité et l'influence du chef de l'enseignement ne restaient pas limitées dans l'enceinte de l'école. Dufau avait pris sa retraite. M. Boué, habile administrateur, était novice en tout ce qui concernait l'enseignement spécial; Guadet était donc pour la France et pour l'Etranger le grand oracle, plus écouté peut-être même par les véritables amis des aveugles de la France ou de l'Etranger, que dans l'Institution où ses idées se choquaient avec celles du directeur, qu'au ministère, où sa franchise dût déplaire plus d'une fois.

Voici par exemple ce que lui écrivait, en 1857, un directeur d'une école de département. Ces lignes montreront combien on attachait d'importance à rester en bons termes avec lui : « Tous les jours il arrive à mes oreilles que l'Institution des jeunes aveugles de Paris est hostile à celle de ***. Je serais bien consolé, monsieur, si personnellement vous daigniez nous continuer l'intérêt dont vous avez bien voulu nous honorer jusqu'à présent. Veuillez donc, s'il vous plait, m'écrire un mot et me dire, si, le cas échéant, je pourrais en toute confiance m'entretenir à cœur ouvert avec vous des intérêts et de divers documents relatifs à notre petite communauté. Je vous remercie d'avance du grand service que vous nous rendez. » (1)

Dès sa nomination comme chef de l'enseignement, Guadet pensa à donner plus d'extension et de régularité à ses relations officieuses et officielles en Europe et en Amérique avec les personnes s'occupant des aveugles. Et, en octobre 1855, il mit à exécution un projet médité depuis longtemps, c'était la création d'un organe périodique consacré à l'étude des questions relatives aux aveugles et destiné à relier entre elles toutes les écoles d'aveugles.

Voici en quels termes Guadet annonçait lui-même ce projet à un de ses correspondants de l'étranger : « J'ai toujours pensé que plus les institutions consacrées à l'instruction des aveugles établiraient des rapports entre elles, et plus il y aurait d'avantages pour toutes ; ces rapports sont certainement dans l'intérêt bien entendu de tous ces établissements et de tous les élèves qu'ils renferment ; aussi, nommé récemment chef de l'enseignement dans l'Institution de Paris, j'ai encore un projet qui doit si je ne me trompe, concourir beaucoup à établir ces rapports. Il est bon, me suis-je dit, que la France fasse connaître à l'étranger ce qu'elle fait en fait d'enseignement, et qu'elle apprenne aussi ce que font les étrangers ; de la sorte tout le monde pourra faire son profit des améliorations obtenues partout. Je publierai le mois prochain un petit journal, intitulé

(1) Lettre de M. le directeur de l'Institution de *** à Guadet, 24 décembre 1857.

l'Instituteur des Aveugles ; ce journal fera connaître les méthodes et les procédés employés dans les diverses institutions d'aveugles, il propagera les inventions utiles aux aveugles, il donnera les nouvelles qui peuvent les intéresser, il rendra compte des travaux remarquables des aveugles, il fournira des détails biographiques sur ceux qui se distingueront, etc.

« J'ose espérer, Monsieur, que vous voudrez bien apporter votre concours à cette œuvre commune. Je recevrai avec reconnaissance toutes les communications dont vous voudrez bien me gratifier. Nous sommes tous intéressés à avoir un centre commun de communications et comme un lien de confraternité. » (1)

Et voici, maintenant, ce qu'on lui écrivait relativement au même sujet : « Votre dernier numéro m'a agréablement surpris. D'abord votre premier article m'a vivement intéressé. Il n'a jamais paru jusqu'à présent sur notre spécialité un journal aussi solide que *l'Instituteur*. Plusieurs personnes auxquelles je l'ai donné à lire ont été frappées du sérieux qui caractèrise ce journal. En lisant quelques articles que vous aviez écrits dans les *Annales* de M. Morel, je me suis dit : cet homme a reçu le baptême de la douleur. Il me semble que je comprends ce que vous avez souffert en silence pour la cause des aveugles, vous voyez que vous avez toutes mes sympathies. » (2)

(1) Lettre de Guadet à M. Knie (Breslau).

(2) Lettre de M. Hirzel, directeur de l'Institution de Lausanne, à M. Guadet, 16 mai 1856.

La création de son recueil mensuel plaça Guadet tout à fait à la tête du mouvement en faveur des aveugles. Ayant fondé et soutenant cette publication avec ses seules ressources pécuniaires, Guadet était parfaitement libre, on le comprend, d'y traiter toutes les questions qui lui plaisaient et de les traiter de la manière qu'il jugeait devoir être la plus convenable. On doit lui savoir gré de cette création, qui indépendamment du surcroit de travail (il en était à peu près le seul rédacteur), lui coûtait fort cher, environ 950 fr. par an. Cela s'explique : à cette époque le nombre des personnes qui s'occupaient des aveugles était encore bien moins considérable qu'aujourd'hui, Guadet faisait tirer à 250 exemplaires, il en gardait 100 en réserve, en distribuait environ 150, et avait à peine 30 abonnés, car alors, comme aujourd'hui, beaucoup d'établissements d'aveugles envoyaient leurs rapports en échange des publications spéciales. Au milieu de l'année scolaire 1856-57 le ministre reconnut qu'il serait de son devoir d'encourager moralement, et d'aider matériellement Guadet dans la publication de l'*Instituteur des Aveugles*, publication qui faisait le plus grand honneur à l'Institution impériale dont elle étendait l'influence dans le monde entier, et dans ce but le ministre fit prendre 100 abonnements à l'*Instituteur*, et fit envoyer ces abonnements aux principales bibliothèques de France. Mais cette subvention ne fut pas de longue durée ; le 24 février 1859, sans que Guadet n'ait jamais su pourquoi, la subvention lui fut brusquement retirée, et il resta réduit à ses seules ressources. Ce mécompte ne le découragea pas cependant, et il continua sa publication.

J'ai déjà dit que Guadet jouissait à l'étranger d'une grande influence ; ses avis et appréciations en matière d'enseignement et d'éducation faisaient autorité. Lorsqu'il s'agit par exemple de réorganiser l'établissement des aveugles de Copenhague, qui avait été jusque là plutôt un asile, un établissement hospitalier, qu'une école, M. Viborg, chargé de cette réorganisation, lui écrivait afin d'avoir son avis sur les personnes que l'on pensait mettre à la tête de cet établissement : « Au moment où je vais prendre part à l'établissement d'une nouvelle institution pour nos aveugles, je ne puis que me féliciter d'être guidé par vos lumières. J'espère voir venir le jour, où vous serez béni chez nous. » Après avoir fait connaître à Guadet le caractère de ses candidats M. Viborg continue : « Vous qui connaissez ces deux personnes, qui avez eu occasion d'examiner leurs capacités et leur savoir, et qui en êtes juge compétent, faites moi la faveur de m'en dire au plus tôt et confidentiellement votre opinion motivée. Si elle est à l'avantage de mes clients, je la mettrai dans la balance ; sinon j'en ferai l'usage que vous aurez la bonté de me prescrire. » (1)

De l'Amérique, M. Pollak lui adressait ces lignes bien caractéristiques : « Je vous dois beaucoup

(1) Lettre de M. Viborg à Guadet, 24 mars 1858.

de justifications pour avoir manqué de vous écrire pendant si longtemps, mais je vous dois encore plus mes sincères remerciements pour un numéro de l'*Instituteur des Aveugles* dans lequel vous m'avez fait l'honneur d'insérer deux de mes lettres, une grande partie de mon rapport sur la condition sociétaire des hôpitaux militaires de St-Louis et le rapport sur l'Institution des aveugles. Votre jugement flatteur de mes humbles travaux a été je le crains exagéré. Que je me sente gratifié d'être bien apprécié par un homme si noble, si sage et si bon que vous, je ne puis le nier. L'approbation d'un homme tel que vous vaut cent fois les applaudissements d'une multitude légère et facilement séduite. J'accepte votre approbation avec un cœur reconnaissant et avec un sentiment d'encouragement pour de nouveaux efforts en faveur de mon pays, de l'humanité, et de la science. Selon la Bible, notre Seigneur a dit : « *il n'y a pas de prophète sans honneur sauf dans son propre pays.* » Il n'entre aucun chef ici pour m'apprécier ou pour penser particulièrement bien de moi, mais je vois par hasard des journaux d'Europe, Français, Anglais et Germains dans lesquels je me trouve, à ma grande surprise, favorablement mentionné, mais par aucun plus que par mon gracieux et généreux M. Guadet qui me rend son débiteur pour toujours. » (1)

Les citations de ce genre pourraient être beaucoup multipliées, car de tous les pays on avait

(1) Lettre de M. Pollak à Guadet, 1863.

recours à ses lumières et sa correspondance avec l'étranger formerait des volumes. Très hospitalier il hébergeait volontiers chez lui ses amis étrangers, qui venaient pour étudier l'Institution. Son hospitalité toujours simple était des plus cordiales, et l'on voit que ceux qui avaient passé quelques jours dans son intérieur calme et laborieux, en emportaient un charmant souvenir.

Il eut d'ailleurs de précieux témoignages de leur reconnaissance, et fut décoré de divers ordres étrangers; un des premiers qui lui furent conférés c'est celui de Danebrog de Danemark (1). Et voici comment il savait finement remercier M. Melchior de Copenhague par l'entremise duquel il avait reçu cette distinction.

« Je reçois toujours avec plaisir vos aimables lettres, mais votre dernière m'a causé, en même temps qu'une satisfaction, une surprise très grande. Qu'ai-je fait, me suis-je dit, pour mériter tant de faveur? Il faut que les faibles services que j'ai pu rendre à la cause embrassée avec tant de dévouement par M. Melchior aient été bien grossis auprès de sa majesté le roi de Danemark pour qu'il ait cru devoir les récompenser aussi magnifiquement. Vos présentes lettres me faisaient présentir un remerciement de la part de votre

(1) Liste des décorations de J. Guadet :
Rose du Brésil (1856).
Dannebrog du Danemark (1857).
Légion d'honneur (1862).
Léopold de Belgique (1863).
Officier d'académie (1870).

gouvernement, mais j'étais loin d'aspirer à une décoration de la valeur de celle dont, à votre prière, votre souverain a daigné m'honorer ; sans doute Sa Majesté en me la conférant a eu en vue beaucoup plus la valeur de celui qui la demandait que le mérite de celui qui devait la recevoir. Ce m'est une raison de plus de vous en témoigner toute ma reconnaissance. » (1)

Cependant un grand ralentissement dans sa correspondance avec l'étranger et dans la publication de *l'Instituteur* fut causé par la préparation des *Girondins* (2) Guadet se lassait-il de lutter toujours seul, on peut le croire ; ce qui est certain, c'est qu'à partir de ce moment l'*Instituteur* ne parut plus avec aucune régularité ; de temps en temps les abonnés recevaient deux ou trois numéros à la fois, puis le silence se faisait pendant de longs mois.

C'est vers cette époque (1862) que Guadet fit un voyage à Londres, à l'occasion de l'exposition universelle où il était chargé de représenter les écoles impériales d'aveugles et de sourds-muets de la France. Il visita alors plusieurs établissements d'aveugles de Londres ; mais son séjour, de l'autre côté de la Manche, ne fut pas d'assez longue durée pour lui permettre d'aller voir par lui-même les établissements si intéressants que

(1) Lettre de Guadet à M. Melchior, 27 juin 1857.

(2) Les Girondins, leur vie privée, leur vie publique, leur proscription et leur mort ; 2 vol. Didier (éditeur 1861) (médaille d'or de l'académie de Bordeaux).

possèdent plusieurs villes de la grande Bretagne.

Ce que j'ai appelé la 3me période de la vie de Guadet touchait à sa fin, on voit que la fatigue commençait à se faire sentir : le grand effort de sa vie était donné ; certes il avait été long et fructueux, et si l'heure de la retraite ne sonnait pas encore pour cet homme, plus vert à 68 ans que bien d'autres ne le sont à 50, il n'était plus assez jeune cependant pour avoir ces illusions qui permettent de passer par dessus bien des obstacles. Arrivés à un certain âge, les hommes de cœur ne s'effraient pas précisément de ces obstacles, mais ils s'arrêtent, se demandant si c'est bien à eux qu'il appartient de les franchir, s'ils n'ont pas fait assez, et si ce n'est point à ceux qui leur succéderont que doivent être réservés la peine, le mérite de ce nouvel effort...

CHAPITRE IV

4ᵐᵉ Période, Guadet chef de l'enseignement, (suite) 1863 - 1871. — (Directions Boué, de Watteville et Romand).

Durant cette période dont le commencement est difficile à déterminer d'une manière précise, car il se confond avec la fin de la période précédente, Guadet, fatigué par les luttes qu'il avait toujours soutenues contre les hommes ou les événements, ne fit guère que continuer son œuvre avec moins d'ardeur que par le passé.

L'état de son esprit à cette époque se peint dans ses adieux à ses lecteurs : « J'ai persisté longtemps, dit-il, à ne compter pour rien soit mes travaux, soit les sacrifices pécuniaires qui pesaient sur ma modeste existence, à regretter en silence l'absence de cet appui moral si nécessaire et si bien dû aux entreprises semblables à la mienne ; j'ai bravé l'indifférence au moins, sinon les préventions. J'allais comme le voyageur qui poursuit sa course sans regarder en arrière. Mais enfin vient un moment ou l'on sent qu'il est temps de ralentir le pas, de se dire : reposons-nous ; sauf à repartir de nouveau s'il y a lieu, car si je sais que j'ai fait assez pour laisser trace de mon passage dans la carrière, je suis loin de penser que la cause des aveugles de France ne puisse pas un jour me demander quelque nouveau dévouement dont je serai toujours heureux de m'acquitter.

Pour le moment (janvier 1866), le soleil se lève pour eux sans nuages ; ils peuvent s'élancer par la pensée dans un avenir prospère, et se laisser doucement aller au vent favorable qui les pousse, sûrs que les aspérités de la route leur seront aplanies autant que possible.

Quant à mes lecteurs, ce n'est pas sans regret que je me sépare d'eux ; je les prie de n'en faire aucun doute. Je les prie aussi de me conserver un bon souvenir et de penser que je suis toujours heureux de recevoir leurs communications. » (1)

En 1864, lorsque M. Boué quitta la direction, on aurait pu nommer Guadet directeur, en lui donnant un second jeune, actif et bien disposé à suivre ses conseils ; l'Institution aurait encore, pendant bien des années prospérée, guidée par cet homme rompu à tout ce qui concernait les aveugles. Mais il en fut jugé autrement, et le baron de Watteville, inspecteur général des établissements de bienfaisance, qui, il est vrai, s'était déjà occupé des aveugles, mais plutôt au point de vue de l'assistance générale qu'à celui de l'éducation et de l'enseignement, fut nommé directeur. Au début de cette direction, Guadet sembla en bien augurer, mais il ne dut pas rester longtemps dans ce senti-

(1) Instituteur t. VIII, p. 181.

ment, car M. de Watteville voulut bientôt chan-
ger beaucoup de choses dans l'Institution, et parmi
ces changements, un des plus graves, un de ceux
qui exaspérèrent le plus Guadet, ce fut la tendance
de ce directeur à introduire des professeurs clairvoyants, tendance que le chef de l'enseignement
avait toujours combattue. Mais le règne de ce
directeur ne fut pas long ; il mourut en 1866 et à
ce moment là tout le personnel de l'Institution
s'unit pour adresser la pétition suivante au ministre de l'Intérieur :

« Monsieur le Ministre,

« La mort de M, le baron de Watteville laisse
en disponibilité les fonctions de directeur de
l'Institution impériale des jeunes aveugles.

« Permettez aux fonctionnaires de cet établissement d'émettre le vœu de voir votre Excellence
appeler à la direction de l'Institution impériale
M. Guadet qui, depuis plus de vingt-six ans, y
dirige l'enseignement avec le plus complet dévouement et une habileté qu'une longue expérience
rend plus fructueux encore.

« Sa Majesté l'Impératrice a dit : « l'Institution
Impériale doit être l'école polytechnique des
aveugles. » Pour que notre Institution puisse
s'élever et se maintenir à cette hauteur, il faut
qu'elle soit dirigée par un homme spécial et dont
tous les moyens, toutes les pensées et toutes les
sympathies soient pour elles.

« Chargé de la direction de l'Institution Impériale, M. Guadet atteindrait le but marqué par sa

Majesté l'Impératrice en donnant par ses soins
éclairés, à l'éducation et à l'enseignement, l'importance qui leur appartient.

« Nous avons l'honneur d'être, etc.

« Ont signé : l'Aumônier, le Receveur, le Mé-
     decin, l'Institutrice, le Surveillant en
     chef, et tous les Professeurs de l'Insti-
     tution Impériale des jeunes aveugles.

« Paris, le 29 novembre 1866. »

Cette pétition n'eut pas de succès : on répondit,
paraît-il, que M. Guadet était trop âgé ; et on
nomma directeur un littérateur distingué, homme
de cœur et d'esprit qui n'avait, il est vrai, que 58
ans, mais dont la santé laissait bien à désirer, et
qui relativement aux aveugles avait tout à apprendre.

Vers cette époque, Guadet perdit son beau
frère, M. Berger de Scivrey, membre de l'Institut,
qui était chargé de la publication des Lettres
Missives de Henri IV ; et ce travail lui fut dévolu,
car il faisait partie de diverses sociétés savantes,
et entre autres de la société de l'Histoire de
France. Ils se remit donc aux travaux d'érudition
qu'il ne termina que peu de temps avant sa mort.

L'exposition de 1867 fut une occasion de succès
pour l'Institution et pour ses fonctionnaires ; on
décerna à Guadet une médaille d'argent.

En 1870, Guadet passait ses vacances, comme il
le faisait chaque année, dans sa propriété de
St-Emilion, non loin de Bordeaux, lorsque Paris

fut investi. On décida que les élèves de l'Institution qui ne pouvaient rentrer dans leurs familles
seraient envoyés à Bordeaux, où l'Institution des
sourdes-muettes leur offrait un asile ; M. Levitte,
surveillant en chef, fut placé à la tête de ce petit
groupe d'émigrants, et de Saint-Emilion, d'où il
pouvait souvent se rendre à Bordeaux, Guadet
avait la haute direction de cette colonie. Pendant
qu'il était encore à St-Emilion, en 1871, Guadet
fût mis à la retraite, non pas sur sa demande,
car malgré ses 76 ans, il n'était point encore
décidé à quitter la vie active. Quand il rentra à
Paris il n'était donc plus chef d'enseignement à
l'Institution nationale des jeunes aveugles, mais
il en restait l'ami dévoué.

CHAPITRE V

Retraite

—

En prenant sa retraite, Guadet n'avait pas dit aux aveugles un adieu absolu; il conserva toujours des relations très affectueuses avec ses anciens professeurs, dont plusieurs allaient le voir de temps à autre. Au 1er janvier des années 1872 et 1873, les élèves de l'Institution lui écrivirent une lettre collective dont il fut très touché. Il souscrivait chaque année pour la société de placement et de secours en faveur des élèves sortis de l'Institution, et en 1878, ce fut lui qui écrivit l'important article sur le mot aveugle du dictionnaire pédagogique d'enseignement primaire publié par Buisson.

Enfin, qu'il me soit permis de rappeler un souvenir personnel; quand, en 1879, je fus présenté à ce vieil ami des aveugles, alors âgé de 84 ans et qui continuait à lire et à écrire, quoique commençant à être atteint par la paralysie, il me parla avec émotion de plusieurs de ses anciens professeurs et élèves qui venaient d'être mes maîtres et mes amis; il me questionna beaucoup sur le congrès de 1878, dont le compte-rendu paraissait alors, et j'eus la satisfaction de pouvoir lui offrir ce volume qui fut certainement le dernier livre sur les aveugles qu'il lut.

La maladie progressait chaque jour, et il s'éteignit le 10 juillet 1880 dans son cher St-Emilion où il avait pu encore passer l'été. Un service funèbre fut célébré dans la chapelle de l'Institution, et son corps transporté à Paris, repose maintenant au cimetière de Montparnasse, avec cette inscription :

J. GUADET

NÉ A SAINT-EMILION EN 1795

HOMME DE LETTRES

HISTORIEN

MAITRE ET BIENFAITEUR DES AVEUGLES

MORT A SAINT-ÉMILION EN 1880. (1)

---

(1) 16e Division 2e ligne, No 1449.

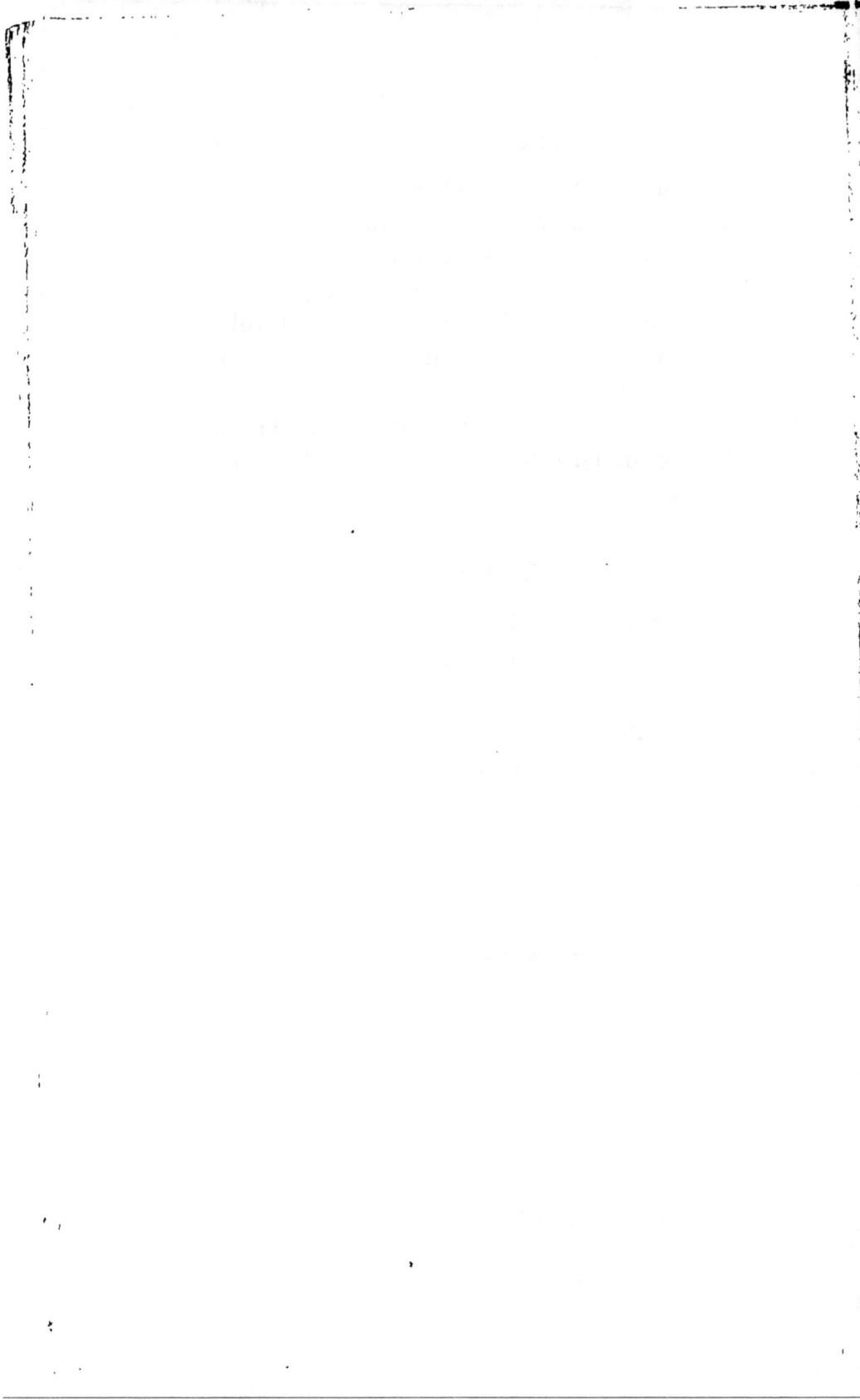

J. GUADET

ET

LES AVEUGLES

DEUXIÈME PARTIE

SES DOCTRINES.

Si Guadet ne s'est occupé pratiquement que de l'éducation et de l'instruction secondaire des aveugles, c'est-à-dire des écoles d'aveugles ne renfermant que des élèves âgés au moins de 9 ans et au plus de 21 ans, il a traité dans ses écrits spéciaux la plupart des questions se rattachant à toute la vie de l'aveugle. Il est donc possible de connaître et d'exposer les théories de Guadet sur la première éducation des enfants aveugles dans leur famille, sur les écoles primaires, sur les écoles secondaires, sur l'emploi des aveugles sortis des écoles, et enfin sur l'assistance qu'il convient de donner à l'aveugle qu'une autre infirmité, ou la vieillesse, place dans des conditions exceptionnelles.

Certainement on peut supposer que s'il avait été donné à Guadet d'appliquer par lui-même toutes ses théories, quelques unes d'entre elles eussent été modifiées par l'expérience personnelle que rien ne saurait remplacer ; mais il avait été instruit de la plupart des essais tentés en France et à l'étranger, dans le but d'apporter une solution à ces différentes questions, et si ses doctrines sur la première éducation des aveugles, sur les maisons de travail, ouvroirs, asiles, n'ont pas la même valeur personnelle que celles sur les écoles secondaires d'aveugles, du moins ne sont-elles pas dépourvues d'intérêt, et il peut être très instructif de les trouver ici résumées en quelques pages.

Il me semble que cette partie de mon étude peut être divisée en quatre chapitres : 1° la première éducation des aveugles dans leurs familles ; 2° les écoles d'aveugles : écoles primaires ou préparatoires, écoles secondaires ou supérieures ; 3° emploi des aveugles sortis de l'école : musiciens, organistes, professeurs de musique, accordeurs ; aveugles non musiciens, professeurs de lettres ou de sciences, ouvriers ; ouvroirs, maisons de travail ; 4° aveugles âgés ou invalides, asiles, maisons de retraite.

Mais, tout d'abord, il est bon, je crois, de dire quelques mots des idées générales de Guadet sur les aveugles.

Certains instituteurs d'aveugles ont représenté ceux-ci comme des êtres spéciaux, presque à part au point de vue physique, moral et intellectuel, et

exigeant, par conséquent, des soins tout particuliers. Etait-ce là leur conviction raisonnée, ou
ne cédaient-ils pas inconsciemment à la tentation
que nous éprouvons toujours de grandir la tâche
qui nous incombe, afin que notre mérite en soit
grandi par là même? Il est difficile de le dire, et
pour moi, j'incline volontiers à croire que ces
deux causes agissent également. Quoiqu'il en soit,
Guadet n'a jamais pensé ainsi, il était au contraire
convaincu que les aveugles sont à très peu de
chose près semblables à tous les hommes.
« Comme nous (clairvoyants), ils ont des qualités
et des défauts, qui, pour être en quelques points
différents des nôtres, n'en sont probablement ni
plus nombreux ni plus saillants. » (1)

Sans doute, il pensait bien que la cécité pouvait
exercer une certaine influence morale et intellectuelle sur l'individu qui en est atteint, (2) mais il
disait qu'on amenait très facilement l'aveugle à
vivre de la vie des clairvoyants. Il déclarait que la
morale des aveugles était celle de tout le monde, et
combattait, avec beaucoup de bon sens et d'entrain,
les célèbres sophismes de Diderot à cet égard (3).
Une autre accusation qui avait le pouvoir de l'ir-
riter, c'était le reproche d'ingratitude fait aux

(1) Discours, 1863, p. 14.

Nota. — Dans les nombreuses indications d'ouvrages qui se
trouvent dans cette partie, les indications bibliographiques on}
été données d'une manière très sommaire, parce que dans la 3ᵉ
partie tous ces renseignements seront amplement fournis.

(2) *Instituteur* t. v. p. 29.

(3) *De la première éducation des enfants aveugles* p. 101.

aveugles par des hommes qui, disait-il, n'avaient probablement aucun droit à leur reconnaissance, et il citait avec plaisir ce trait caractéristique des maîtres et des élèves de l'Institution pleurant en quittant la vieille maison de la rue Saint-Victor, où ils étaient fort mal, quand cependant ils avaient la certitude de se trouver infiniment mieux dans le palais qu'on venait de leur construire boulevard des Invalides; mais ce qu'ils regrettaient dans les vieux bâtiments abandonnés, c'étaient les souvenirs qu'ils y laissaient, le toit sous lequel ils avaient reçu les premiers bienfaits de l'éducation, enfin, ils éprouvaient un ensemble de sentiments que l'on ressent mieux que l'on exprime, et qui est, je crois de la reconnaissance (1).

Au reproche de vanité, fait aussi quelquefois aux aveugles, Guadet répondait que si un certain nombre d'entre eux était en effet enclin à ce défaut, cela venait des compliments exagérés qu'on leur adressait, et, par conséquent, que là encore, la cécité n'était point directement en cause (2). Il estimait les aveugles très laborieux et disait: « Ils sont loin de redouter le travail, même le plus pénible, pourvu qu'ils y voient un moyen d'existence » (3). Au point de vue intellectuel, il reconnaissait qu'entre un aveugle et un autre aveugle il y a encore plus de différence qu'entre un clair-

(1) Ibid., p. 104. — *Institution impériale des jeunes aveugles de Paris (Extrait du tableau de Paris)* p. 20.

(2) *De la première éducation des enfants aveugles* p. 106.

(3) Instituteur, t. v. p. 190.

voyant et un autre clairvoyant, attendu qu'aux inégalités ordinaires d'intelligence que l'on voit se produire même entre deux frères, il y a pour les aveugles la grande distinction qu'il est juste de faire entre les aveugles de naissance et les aveugles devenus tels dans leur jeunesse (1) ; mais, à part cela, les aveugles pensent et raisonnent aussi bien que les clairvoyants, ils ont peut être un peu moins de promptitude, d'imagination, mais ils ont plus de sérieux (2) ; ils apprennent avec plaisir, et la discipline est facile à maintenir dans leurs classes (3). D'ailleurs, il dit : « L'esprit même de l'enseignement pour les aveugles ne diffère pas de ce qu'il doit être pour les voyants ; et la raison en est simple : L'aveugle qui sait lire et écrire est exactement dans la même condition intellectuelle que le voyant.

Ce qui varie de l'un à l'autre, c'est l'instrument matériel de l'instruction : l'un trouve par le relief et à l'aide du doigt ce que l'autre perçoit par la vue. Ce n'est donc pas proprement par les méthodes, c'est par les procédés que l'enseignement spécial des aveugles se distingue de l'enseignement donné dans les écoles ordinaires. » (Article *Aveugle* dans le dictionnaire de *Pédagogie* de Buisson, t. I, p. 162). Guadet répète souvent :

(1) *Mémoire sur l'état de l'éducation et de l'enseignement dans l'institution, adressé à M. Dufau,* 1853. p. 3, ou Instituteur t. II p. 52.

(2) *De la première éducation,* p. 105. — Discours de 1863, p. 10.

(3) Article *Aveugle* dans le dictionnaire de pédagogie de Buisson, t. I. p. 163.

« Si l'instruction est de droit naturel pour un
autre, elle est pour lui de droit divin. » (1) Il
observe très bien que l'aveugle illétré est comme
étranger dans le monde physique, le sourd-
muet, dans le monde moral. (2) Mais il ne faut
pas croire que Guadet fit souvent des rapproche-
chements, des comparaisons entre les aveugles
et les sourds-muets. Il ne voulait pas qu'on mêlât
ces deux sujets tout à fait différents à son avis (3),
il n'est pas hors de lieu de dire ici qu'un aveugle
n'a aucun titre pour parler et pour écrire sur
les sourds-muets. (4) Il regardait la poësie
comme parfaitement accessible aux aveugles, car
si le domaine de la vue leur manque, celui des
sons leur reste, il est vaste et vierge encore (5).
Pour la musique, par exemple, Guadet croyait
qu'en général les aveugles ont plus d'aptitudes
que les clairvoyants, cela à cause du développement forcé qu'acquiert l'organe de l'ouïe qui, chez
eux, est sans cesse exercé. L'enfant aveugle écoute
beaucoup et les sons se gravent dans son esprit (6).

(1) *De la condition des aveugles en France*, p. 4. ou Instituteur t. II. p. 51.

(2) *L'institut des jeunes aveugles de Paris, son histoire et ses
procédés*, p. 7.

(3) *Instituteur*, t. I, p. 5-50.

(4) L'Institut des jeunes aveugles de Paris, p. 6. — Institut
Impérial des jeunes aveugles de Paris. Lettre. — Bienfaiteur
des sourds-muets et des aveugles, t. I. p. 44.

(5) Discours de 1863, p. 11.

(6) Les aveugles musiciens, p. 6. — Discours de 1863, p. 12.

CHAPITRE I.

Première éducation des enfants aveugles.

———

Les idées personnelles de Guadet sur ce point sont peu nombreuses, il a traduit ou fait traduire les ouvrages de Georgi et de Kine, dont en général il approuve les doctrines et auxquelles il s'est borné à ajouter quelques réflexions personnelles. Pour Guadet, l'éducation est souveraine ; il croit sincèrement à sa toute puissance pourvu qu'elle soit commencée dès le berceau (1) ; à son avis, la première éducation de l'aveugle ne doit pas différer beaucoup de celle qu'il convient de donner aux enfants clairvoyants du même âge ; seulement, il faut y apporter encore plus de soin, plus d'attention (2). On doit pousser l'aveugle au mouvement sans lui imposer telle ou telle manière de se mouvoir ; car il faut que l'aveugle marche et coure d'après ses instincts d'aveugle. « Pour bien marcher, pour bien courir, l'aveugle doit marcher et courir autrement que nous. » La gymnastique ne semble pas du tout nécessaire à Guadet, et il pré-

(1) *De la première éducation,* p. 94.
(2) Idem. p. 96.

fère de beaucoup, à cet exercice artificiel, l'exercice naturel que les enfants prennent en jouant en toute liberté (1).

Guadet ne croit pas non plus qu'en France on puisse, par les mêmes moyens qu'en Allemagne, obtenir de bons résultats pour la première éducation des enfants aveugles ; il ne pense pas que simplement, à l'aide d'un manuel, les familles arrivent à donner une éducation soignée aux enfants aveugles du premier âge ; il doute également que de bons résultats puissent être obtenus en plaçant les aveugles dans des écoles primaires de clairvoyants, cela à cause de la turbulence des enfants de notre pays et du peu de soin que l'instituteur primaire pourra donner au petit aveugle perdu au milieu d'une classe nombreuse de clairvoyants. En résumé, l'opinion de Guadet est que les familles doivent faire le plus possible pour l'enfant aveugle dont elles ont la charge, que l'école primaire ordinaire peut être utilisée faute de mieux, mais que, dès que la chose est possible, il faut faire entrer l'enfant aveugle dans une école primaire spéciale (2).

———————>◇◇◇<———————

(1) *Mémoire*......., 1853, p. 7. — De la condition des aveugles en France, p, 8. — Ou instituteur t. II. p. 55. — De la première éducation, p. 96. — *Instituteur*, t. V. p. 24.

(2) *De la première éducation*, p. 108.

CHAPITRE II.

Les Ecoles d'Aveugles.

———

Les questions que Guadet a traitées le plus souvent et avec le plus de compétence sont évidemment celles qui concernent le but et l'organisation des écoles d'aveugles. Ici, en effet, il était sur son terrain propre. Plus de trente ans passés au sein d'une grande école d'aveugles lui ont permis d'observer, d'expérimenter, et, par conséquent, de nous laisser sur cette matière des appréciations qu'il est précieux de recucillir. Il souhaitait voir trois genres d'écoles exister en France : 1° Ecoles préparatoires, 2° Ecoles industrielles, 3° Ecoles supérieures.

§ I. Ecoles préparatoires.

Ces écoles, au nombre de cinq, seraient placées au centre des cinq principales régions de la France et situées de préférence à la campagne ou dans de très petites villes afin d'avoir à bon marché grands logements et bonne nourriture. Elles devraient recevoir les enfants vers l'âge de huit ans et les conserver au plus quatre ans. Voici

d'ailleurs le plan sommaire que Guadet trace à
ces écoles : « Que dans ces écoles ils apprennent le
« catéchisme et l'histoire sainte qui les prépare-
« reront à la première communion, sacrement
« qu'ils devront recevoir avant de quitter l'école ;
« qu'ils apprennent la lecture et l'écriture d'après
« le procédé des aveugles, la grammaire élémen-
« taire, l'arithmétique élémentaire et quelques
« éléments d'histoire naturelle ; qu'ils étudient le
« solfège et soient exercés à des chants d'ensem-
« ble, non comme nos élèves des écoles primaires
« ordinaires, mais, sérieusement, de manière à
« pouvoir faire de ce qu'ils auront appris une
« base solide aux études musicales les plus
« élévées ; qu'ils s'exercent à un ou deux petits
« métiers, soit pour développer leur adresse, soit
« comme prélude à des travaux plus sérieux si
« l'avenir leur réserve une carrière industrielle :
« par exemple à la fabrication de chaussons de
« lisières ou de filets de pêche. Nous comprenons
« les écoles primaires comme des écoles d'essai,
« il faut donc qu'on y essaye les enfants aux
« études intellectuelles, aux études musicales et
« aux travaux manuels.

« Quatre ans seraient passés dans les écoles
« primaires ; ils suffiraient pour remplir le cadre
« que j'ai tracé, et j'interdirais formellement aux
« écoles primaires d'en sortir ; elles ne devraient
« pas faire moins, elles ne pourraient pas faire
« plus. Cependant, comme il ne faut pas qu'une
« intelligence d'élite, qui ne veut que trois ans,

« que deux ans même, pour faire ce qui en
« demande quatre à d'autres, soit arrêtée dans
« son élan, j'autoriserais, pour ces intelligences
« exceptionnelles, la sortie exceptionnelle de l'é-
« cole primaire après trois ans, après deux ans
« même ; un examen spécial constaterait qu'il y a
« lieu d'appliquer l'exception.... Dans ces écoles,
« nos enfants consacreraient quatre heures par
« jour aux études intellectuelles, trois heures à la
« musique, quatre heures aux travaux manuels.
« Il leur resterait quatre heures pour repas ou
« récréations, et neuf heures pour le sommeil. » (1)

Les enfants aveugles ont beaucoup plus à demander à l'éducation pédagogique que les clairvoyants pour lesquels l'éducation naturelle fait
presque tout (2) Guadet estime que pendant ce
premier séjour à l'école, il importe que les enfants
ne soient pas trop éloignés de leur famille, qu'ils
puissent fréquemment la visiter et être visités par
elle, et c'est encore une des raisons pour lesquelles
il tient à ce que ces écoles soient bien réparties
sur notre territoire. (3)

§ II. Ecoles industrielles.

Sortis de l'école préparatoire, les enfants recon-
nus incapables d'être appliqués à aucun appren-

(1) *Condition des aveugles,* en France, p. 17.1, *ou Instituteur*
t. III. p. 6.

(2) *De la Condition des aveugles,* en France, p. 7, *ou Instituteur,* t. II. p. 54.

(3) Idem. p. 172, *ou Instituteur,* t. III, p. 8.

tissage professionnel seraient rendus à leurs familles afin qu'ils y soient conservés ou qu'ils soient placés dans un hospice. Les autres devraient être, selon les aptitudes manifestées par eux, divisés en deux catégories : la première, la moins considérable, 1/5, serait dirigée sur les écoles supérieures, et la seconde, soit les 4/5, serait destinée aux écoles professionnelles industrielles qui ne seraient autres que des sections des maisons de travail ouvertes aux aveugles adultes ouvriers et dont il sera question plus loin (1). Guadet dit peu de chose de l'organisation que devrait avoir ces écoles industrielles, mais il est permis de supposer qu'il voudrait voir réaliser dans ces écoles ce qu'il préconise ailleurs et en voir repousser ce qu'il condamne ; par exemple, le mélange ou simplement la réunion des enfants et des adultes (2) ; j'en conclus que dans son esprit l'école industrielle devrait former une section entièrement séparée de l'atelier proprement dit. Les apprentis se trouveraient bien sous le même toit que les ouvriers, la même cuisine les nourrirait, les mêmes services généraux seraient utilisés par les uns et par les autres, cela, on le comprend, réaliserait une grande économie ; mais l'atelier école serait parfaitement distinct de l'atelier - ouvroir ; des réglements distincts régiraient ces deux sections qui vivraient côte à côte sans se confondre.

(1) *De la condition des aveugles*, en France, p. 173 *ou Instituteur* t. III. p. 8. 13.

(2) *Instituteur*. t. I, p. 7. t. VI. p. 14.

De même, il me semble évident que Guadet voudrait voir donner aux apprentis des écoles industrielles le programme d'enseignement qu'il avait fait adopter à l'Institution de Paris, pour les élèves appliqués exclusivement à l'apprentissage des travaux manuels (1). Selon lui, il ne faut faire apprendre à l'ouvrier aveugle qu'un seul métier et un métier simple ; il croit que comme professeur de travaux manuels, des clairvoyants sont préférables, et plutôt des contre-maîtres payés par l'établissement que des entrepreneurs faisant travailler les apprentis à leurs risques et périls, et ces contre-maîtres doivent avoir une aussi bonne éducation que possible (2).

De bonne heure, il est bon de dresser l'apprenti ouvrier à passer toute la journée dans l'atelier, par là, seulement, il arrivera à se rompre à la fatigue corporelle et acquièrera de la dextérité dans l'exécution du travail qui lui est confié (3). Cependant, comme il ne faut pas que ces apprentis oublient l'enseignement intellectuel qu'ils ont reçu dans les cours élémentaires, Guadet leur faisait faire deux heures de classe ou de lecture aux deux extrémités de la journée. Ces classes étaient consacrées à repasser l'enseignement primaire et à le compléter par des notions très élémentaires de droit usuel et de sciences naturelles,

(1) *Condition des aveugles*, en France, p, 16, *ou Instituteur*, t. II. p. 63.

(2) Discours de 1865. p. 10. — *Instituteur*, t. V. p. 31.

(3) *Instituteur*, t. V. p. 95.

toutes choses dont l'ouvrier, et surtout l'ouvrier aveugle, peut avoir besoin (1). Le dimanche serait naturellement partagé entre les exercices religieux, les récréations et les lectures instructives et amusantes.

Guadet s'est élévé avec force contre ceux qui veulent faire de l'ouvrier clairvoyant, et surtout de l'ouvrier aveugle, « une machine à travail pouvant fonctionner 10, 12, 15 heures par jour et à laquelle il suffit, pour remonter ses ressorts, de broyer un morceau de pain noir »; oubliant que si l'homme a un corps à satisfaire, il a aussi une âme, une intelligence à nourrir et que si le corps doit suffire par son travail à ses besoins matériels, il faut donner à l'âme les aliments qu'elle réclame impérieusement, faute de quoi on mérite plutôt l'épithète de barbare que celle de philanthrope ou simplement d'économiste (2). Trop souvent, Guadet a chaudement exposé et développé cette théorie pour qu'il me soit permis de douter qu'il n'eût voulu voir organiser ces écoles industrielles sur un plan large et élevé, mais certainement son esprit juste et essentiellement pratique se serait tenu éloigné de l'excès qu'il a souvent aussi condamné, celui de donner aux apprentis une instruction trop développée faisant que, rentré dans l'atelier, l'ouvrier regrette la classe, est mécontent de la part qui lui est faite

---

(1) *De la condition des aveugles*, en France, p. 16-21 ou *Instituteur*, t. II. p. 63-68.

(2) *Instituteur* t. IV. p. 70, 184,

dans la vie, en un mot, devient un déclassé (1).
C'est pour éviter ces regrets, qu'il attachait une
très grande importance à ce que le même établissement ne réunit pas sous son toit, apprentis-
ouvriers et élèves musiciens (2).

Cinq ouvroirs, et par conséquent cinq écoles
industrielles, sont souhaitées par Guadet, il voudrait les voir établies à peu près dans les mêmes
régions que les cinq écoles préparatoires (3).

§ III. Ecoles supérieures

Mais ce sont les écoles du troisième genre
(écoles supérieures, intellectuelles et musicales)
qui ont le plus occupé Guadet. L'éducation, l'enseignement et l'organisation de ces écoles étaient
pour lui des questions sans cesse à l'ordre du
jour et qu'il étudiait pour ainsi dire à chaque
instant de sa longue carrière.

A. Education

Guadet reconnaissait que l'éducation proprement dite est le premier bien qu'un enfant doit
retirer de son séjour à l'école (4) et il disait : « une
bonne discipline fait une bonne école. » (5) Aussi

(1) *Mémoire de 1853*, p. 19, *ou Instituteur* t. II. p. 63.

(2) *L'Institut des jeunes aveugles de Paris*, p. 111. *Instituteur*, t. V. p. 24.

(3) *Instituteur* t. III. p. 13, *ou Condition des aveugles en
France*, p. 178.

(4) Discours de 1863, p. 19

(5) *Instituteur* t. V, p. 34.

tenait-il beaucoup au choix des surveillants à qui revient la plus grande part dans l'œuvre de l'éducation , et il trouve que quand un maître d'études a maintenu la discipline matérielle il ne s'est acquitté que de la moitié de sa tâche. Il faut qu'il aime les enfants et se dévoue entièrement à eux (1) et : « Il y a un abîme entre faire son devoir de manière à ne pas mériter de reproches et se dévouer tout entier à ses pénibles fonctions » (2).

Il pensait qu'il est bien plus important de prévenir le mal que de le réprimer. « Avec les trois quarts des enfants vous gagnez plus à pardonner qu'à sévir, à user de récompenses que de punitions »... « Sachez toujours distinguer l'espièglerie de la faute grave, l'étourderie de la méchanceté calculée ; ne confondez pas les vices du cœur avec l'infraction à la règle, une insolence dite à un professeur avec un accroc fait à un vêtement »... « Je suis très convaincu qu'on gagne plus à relever chez un enfant douteux le mérite d'une bonne action qu'à réprimer une faute. » (3) Il désirait surtout qu'on fût pour les élèves d'une justice scrupuleuse et qu'on ne fît aucune faveur à ceux qui appartenaient à des familles riches (4).

(1) *Mémoire de 1853*, p. 10. — *ou Instituteur* t. II, p. 58. Instituteur t. V, p. 32.

(2) *Instituteur*, t. I. p. 13.

(3) *Instituteur* t. V, 67-68-69.

(4) *Instituteur* t. V. p. 68.

Dans l'éducation morale, Guadet comprend le bon ton, les bonnes manières. Il estime que dans une école d'aveugles tout doit être mis en œuvre pour façonner les élèves aux exigences de la bienséance. Les aveugles, en effet, sont appelés très jeunes à prendre place dans le monde ; et ils n'ont pas, comme les clairvoyants intelligents, la ressource d'observer ce que font les gens bien élevés et de se modeler sur eux (1). Il pensait que, pour un certain nombre d'élèves, les correspondances avec leurs familles devaient être très surveillées et que, dans bien des cas, les congés que les élèves allaient passer chez leurs parents leur étaient plus nuisibles qu'utiles, attendu que la plupart de ces familles, manquant complètement d'éducation, détruisaient, en un jour, par de mauvais exemples, le progrès accompli en un an (2).

En somme, pour Guadet, les élèves de l'Institution s'amélioraient après quelques années de séjour à l'école (3), et, selon lui, si la tenue générale des élèves de l'Institution n'était pas aussi bonne que celle des collèges ordinaires, cela venait du milieu social dans lequel étaient recrutés la plupart (4) de ces élèves. Dans l'éducation, Guadet

(1) Discours de 1863, p. 22.

(2) *Instituteur* t. VIII, p. 78. — *Mémoire de 1853*, p. 9. — *Instituteur* t. V, p. 31.

(3) *Instituteur* t. II, p. 57, et t. V, p. 29.

(4) Discours de 1863, p. 22, et discours 1867 —. 68, p. 11. — *Instituteur* t. V, p. 30.

se serait gardé d'oublier la part de la religion pour laquelle il fut toujours très respectueux, mais il croyait que tout ce qui concerne le côté religieux de l'école regarde exclusivement l'aumônier, auquel il se faisait un devoir de laisser pleine et entière liberté d'action (1).

Quant au recrutement des surveillants, toujours difficile et délicat, Guadet pensait que les enfants clairvoyants reçus à l'Institution pour certaines parties du service de l'imprimerie pouvaient fournir un contingent précieux ; ces enfants ayant été élevés dans la maison sont plus susceptibles que d'autres de s'y attacher. De plus, ils connaissent parfaitement tous les procédés spéciaux à l'instruction des aveugles et se trouvent par là à même de rendre aux élèves et aux professeurs mille petits services qui contribuent puissamment à leur attirer la sympathie de tous (2). Guadet a travaillé constamment à améliorer la situation matérielle des surveillants placés sous ses ordres (3), et, après bien des années de sollicitations, il obtint la création d'un surveillant en chef qui, sous sa direction, centralisait la surveillance et lui donnait plus de suite et d'unité. La question des jeux et des récréations ne semble pas avoir beaucoup préoccupé Guadet, il y tient cependant ; et, en parlant des exercices gymnasti-

(1) Mémoire de 1853, p. 10. — *Instituteur* t. II. p. 57. Discours de 1863, p. 20.

(2) *Mémoire de 1853*, p. 10, *ou Instituteur* t. II, p. 58.

(3) Mémoire de 1853, p. 11, Instituteur, t. V, p. 32.

ques, il dit, on l'a déjà vu, que tout ce que l'on
peut imaginer à cet égard ne vaudra jamais l'exercice naturel offert par les jeux au grand air (1).
Il ajoute que les aveugles goûtent peu les prome-
nades dans une ville comme Paris, et il regrette
beaucoup que l'Institution ne possède pas aux
portes des faubourgs une propriété qui pourrait
être tout simplement un champ entouré de murs,
au milieu duquel se trouverait une maisonnette,
et là, les élèves pourraient être conduits les jours
de congé pour prendre leurs ébats (2).

B. Enseignement musical

Dans toutes les questions d'enseignement, Guadet fut toujours guidé par le but final à atteindre,
qui était de rendre l'aveugle capable de gagner
sa vie et de tenir une place honorable dans la
société, au milieu des clairvoyants ; jamais il ne
le perdait de vue et tous ses efforts tendaient à
arriver à cette fin.

L'enseignement musical avait à ses yeux la
plus haute importance , puisqu'il avait acquis
la certitude que la profession de musicien est
en somme la plus avantageuse aux aveugles ;
aussi tenait-il à ce que l'enseignement de la musique fût à l'Institution parfaitement donné, tant au
point de vue de l'étendue qu'à celui de la profon-

(1) Institut impérial des jeunes aveugles (Tableau de Paris),
p. 23.

(2) *Condition des aveugles en France*, p. 9, ou *Instituteur*
t. II, p. 56.

deur des études. Il disait : « dans la société, les artistes aveugles ont tant de désavantages, si on les compare aux artistes voyants, qu'ils ont besoin d'être plus profondément musiciens que ces derniers pour pouvoir se placer sur la même ligne qu'eux. »

C'est là une des raisons qui font que Guadet préconisait l'étude des instruments d'orchestre, car les instruments à vent ou à archet donnent des sons tenus et par conséquent habituent l'élève à se rendre exactement compte de la durée des valeurs. En outre cela permet de constituer un orchestre symphonique, dans lequel les élèves se rompent à la musique d'ensemble, se familiarisent avec les compositions orchestrales des grands maîtres, et analysent bien mieux cette musique en l'exécutant, qu'ils ne pourraient le faire par de simples auditions. Enfin quand un aveugle a un talent d'exécutant sur un instrument d'orchestre, cela lui fournit des occasions de plus de se produire dans le monde (1).

C'est sous la direction de Guadet que le programme de l'enseignement musical, actuellement en vigueur à l'Institution de Paris, a été définitivement arrêté.

Il comprend, dans son ensemble le plus complet, 3 années d'études de solfège, 3 années d'harmonie, et enfin 3 années de composition où l'on place les éléments du contre point et de la fugue.

---

(1) *Mémoire de 1853*, p. 34 ou *Instituteur* t. II, p. 81.

Guadet tenait à ce que l'Institution fût une bonne école de composition musicale, mais il disait qu'il fallait se garder de laisser envahir l'orchestre par les compositions indigènes. « Notre orchestre ne peut avoir une véritable importance qu'à la condition de rester une école pratique propre à initier nos élèves à la connaissance approfondie des œuvres des grands maîtres (1). »

Il va sans dire que les 3 années de solfège ou au moins les deux premières entrent dans le programme de l'école préparatoire et que l'école supérieure ne peut avoir en fait de solfège qu'une classe complémentaire. Cela n'empêcherait pas les élèves de passer 8 ou 9 ans dans l'école supérieure et consacrer ainsi plus de temps à leur perfectionnement comme harmonistes et comme compositeurs (2).

A l'enseignement musical doit être joint, pour ceux qui manifestent les dispositions nécessaires, l'enseignement de l'accord des pianos. Guadet prise beaucoup cette branche d'industrie et il a fait tous ses efforts pour la développer le plus possible à l'Institution de Paris. Il tenait à ce que les élèves accordeurs, lorsqu'ils avaient terminé leur apprentissage proprement dit, eussent la faculté de sortir de l'Institution, régulièrement, trois ou quatre fois par semaine afin d'aller passer plusieurs heures chez un facteur de pianos

(1) *L'Institut des jeunes aveugles de Paris*, p. 93.

(2) *Mémoire de 1853*, p. 35 ou *Instituteur* t. II, p. 85.

choisi par l'Institution. Là , ils se perfection-
naient, s'habituaient au travail du magasin et
exploraient un grand nombre de pianos (1).

Cet enseignement pourrait être parfaitement
séparé des études musicales supérieures, et
donné par conséquent par des écoles secondaires ;
mais je crois que, dans son esprit, Guadet ne l'a
jamais séparé de l'Ecole supérieure de musique,
aussi bien parce beaucoup d'élèves musiciens
sont heureux d'apprendre l'accord, que parce
qu'il peut-être aussi très utile aux élèves, simplement accordeurs, de vivre en contact avec des
musiciens et que l'enseignement intellectuel supérieur, dont je vais parler maintenant, convient
également aux uns et aux autres.

C. Enseignement intellectuel

En même temps qu'elle fait faire à ses élèves
des études musicales approfondies, l'école supérieure doit leur donner un enseignement intellectuel suffisamment complet. Il importe qu'un
musicien, et surtout qu'un musicien aveugle, soit
instruit des choses qu'il n'est permis à personne
d'ignorer, car on doit donner aux aveugles un
enseignement intellectuel supérieur à celui qui
est reçu d'ordinaire par les clairvoyants de sa condition (2). Voici le programme de l'enseignement
intellectuel que Guadet avait réussi à faire arrê-

(1) Instituteur t. IV, p. 47.
(2) *Mémoire 1853*, p. 15 ou *Instituteur* t. II, p. 59.

ter : Grammaire française, littérature, éléments de réthorique, éléments de philosophie, histoire et géographie universelles, dans lesquelles l'histoire et la géographie de la France doivent tenir la plus grande place, arithmétique y compris les fractions, d'une utilité contestable, dit-il, mais qui développent le raisonnement (1) ; *éléments* de cosmographie et de physique, enfin *éléments* d'histoire naturelle et cours très élémentaire de droit usuel (2). Il estimait qu'arrivé aux classes supérieures on devait, pour la plupart des élèves, opter entre la classe de mathématiques ou celle de littérature, l'aptitude pour l'une excluant souvent celle pour l'autre (3).

Guadet qui, on le sait, abhorrait tout charlatanisme et qui avait un esprit essentiellement pratique, n'avait l'intention, en inscrivant l'histoire naturelle, la géométrie et le droit à ce programme, ni de jeter de la poudre aux yeux des inspecteurs ministériels et du public, ni de faire de ses élèves des naturalistes, des géomètres ou des légistes. Il voulait qu'on s'en tint seulement aux éléments de ces connaissances, et les raisons données par lui pour aller jusque là, et pas plus loin, sont excellentes ; il estime que les aveugles ne pouvant se rendre compte par l'expérience de chaque jour de la forme et du rôle des principaux représentants

(1) *Instituteur* t. V. p. 102 et *Instituteur* t. II. p. 68.

(2) *Instituteur* t. V. p. 109.

(3) (Rapport au directeur sur un projet de règlement intérieur et un plan d'études, août 1852 (manuscrit),

du règne minéral, végétal, ou animal doivent l'apprendre dans un cours spécial placé dans les basses classes (1). Quant à l'étude de la géométrie, en outre qu'elle développe et affermit le raisonnement, elle est très nécessaire à l'aveugle qui, dans sa vie, sera constamment obligé de se faire décrire les choses, de quelque étendue, qu'il ne peut apprécier par le tact (2) ; enfin, trop souvent, l'aveugle est considéré, par sa famille ou par ses amis, comme un être mineur incapable de se diriger dans des affaires de quelque importance et, par conséquent, bon à être exploité ou au moins tenu en tutelle ; la connaissance du droit usuel lui est donc très utile pour se guider dans la vie civile (3).

Mais Guadet a toujours pensé que le cercle complet de cet enseignement intellectuel ne peut être parcouru avec fruit que par les aveugles musiciens ou par les aveugles appartenant à des familles riches, et que, sauf des exceptions faites en faveur des intelligences hors ligne, les aveugles non musiciens, destinés à vivre d'un travail manuel, ne devront pas dépasser l'enseignement intellectuel primaire auquel on peut ajouter toutefois un cours succint de législation usuelle (4).

(1) *Instituteur* t. V, p. 106.

(2) *Instituteur* t V, p. 109.

(3) *Instituteur* t. V, p. 111. de la condition des aveugles en France p. 21, ou *Instituteur* t. II, p. 68.

(4) *De la condition des aveugles en France*, p. 16, ou *Instituteur* t. II, p. 63.

En effet, il considère la carrière des lettres comme offrant aux aveugles peu de débouchés pratiques ; il croit bien, l'expérience le lui a prouvé, qu'un certain nombre d'aveugles peut arriver, même avec facilité, à obtenir le diplôme d'instituteur primaire, mais quelle sera pour lui l'utilité réelle de ce brevet ? c'est une question sur laquelle j'aurai lieu de revenir dans une autre partie de ce travail.

Quant à l'étude des langues anciennes et modernes, des mathématiques supérieures, il veut que l'aveugle s'y sentant invinsiblement appelé n'en soit pas repoussé ; il ne faudrait pas fermer la porte de la science à un second Penjon ou à un nouveau Malaval, mais les Malaval et les Penjon sont rares, et on trouvera toujours à les faire instruire sans qu'il soit nécessaire pour cela de créer d'avance dans une école des cours spéciaux qui risqueraient fort de rester déserts pendant de longues périodes (1). D'ailleurs, Guadet reconnaît judicieusement que, dans les écoles d'aveugles, l'enseignement intellectuel sera forcément subordonné à l'enseignement musical, auquel les élèves consacreront toujours la meilleure partie de leurs forces et de leur attention, sentant bien que c'est à cet enseignement qu'ils devront un jour de pouvoir gagner leur vie (2).

(1) *Mémoire*....., 1853, p. 27, ou *Instituteur* t. II, p. 68.

(2) *De la Condition des aveugles en France*, p. 20, ou *Instituteur* t. II, p. 67.

D. Organisation

En général, les écoles d'aveugles renferment des filles et des garçons ; Guadet ne critique point cette organisation, au contraire il l'a défendue contre les attaques de certains écrivains spéciaux, mais il ne veut pas, qu'en France, filles et garçons soient réunis dans les classes et les récréations ainsi que cela se fait dans la plupart des écoles américaines (1) ; du reste, il reconnait volontiers que toutes les écoles ne doivent pas être fondues exactement dans le même moule et que chaque pays peut avoir ses exigences particulières. Il veut que, dans une même maison, soumise à une même direction, les filles et les garçons forment deux quartiers absolument distincts, quartiers n'ayant de commun que les services généraux, les procédés d'enseignement et la classe d'ensemble vocal (2). Pour maintenir dans l'enseignement l'unité entre les deux quartiers, Guadet préconise l'institution d'un chef de l'enseignement ayant autorité sur tout le corps enseignant de l'école, car l'expérience avait montré à l'Institution de

(1) Depuis l'époque où Guadet discutait cette question, dans les colonnes de son journal, les idées des instituteurs d'aveugles américains ont été quelque peu modifiées, dans le sens de la séparation des deux sexes dans les écoles d'aveugles ; nous en voyons la preuve dans l'intéressante discussion qui a eu lieu sur cet important sujet à la septième biennale convention de l'Association américaine des instituteurs d'aveugles tenue à Sanesville (Wisconsin) 15, 16 et 17 août 1882. Voir le compte rendu de ces conférences page 57.

(2) *Instituteur* t. V. p. 170.

Paris que le directeur, absorbé par les soins administratifs et trop souvent étrangers à la partie technique de l'enseignement des aveugles, ne suffisait pas à maintenir, entre les deux quartiers, l'unité de vues et de procédés qui doit régner (1). Mais, il croit que, dans les petites écoles, il y a avantage, à tous les points de vue, à ce que la direction administrative et pédagogique soit réunie dans les mains d'une seule personne. On évite ainsi bien des discussions, bien des tiraillements (2). En un mot, les deux quartiers d'une école doivent être séparés et non pas isolés l'un de l'autre ; Guadet trouve même qu'à l'Institution de Paris les occasions de faire naître et de maintenir l'émulation entre les élèves filles et les élèves garçons ne sont pas assez multipliées (3).

Mais, ce qu'il a toujours condamné avec force, ce sont les écoles mixtes d'aveugles et de sourds-muets ; il trouve qu'il n'y a que des raisons d'économie qui puissent engager à réunir, dans le même établissement, deux classes d'êtres qui n'ont absolument rien de commun et pour lesquels on emploie des procédés d'enseignement tout à fait différents. De plus, le directeur d'une semblable école ne peut être universel et s'entendre également aux aveugles et aux sourds-

(1) Rapport au ministre, août 1855 (manuscrit), Instituteur V, p. 86.

(2) *Instituteur* t. 1, p. 10 et t. V, p. 22.

(3) *Instituteur* t. V, p. 171.

muets ; il sacrifiera donc, forcément, les uns aux autres. Si on veut faire de l'économie à tout prix, il vaut mieux alors réunir les aveugles à des élèves doués de tous leurs sens, car au moins il peut y avoir beaucoup de points communs dans l'enseignement qui leur est donné (1).

Il veut que dans une école d'aveugles le corps enseignant, sauf pour les travaux manuels, soit entièrement composé d'aveugles, et il a toujours lutté énergiquement chaque fois qu'on a essayé d'introduire à l'Institution de Paris des professeurs clairvoyants (2) ; non pas qu'il voulut replier l'Institution sur elle-même et empêcher les aveugles de se mettre en contact avec les clairvoyants ; il était si éloigné de cette idée qu'il faisait tous ses efforts pour multiplier les occasions de réunir les aveugles aux clairvoyants et de recueillir les avis, les conseils des maîtres de l'art ; c'est dans ce but qu'il s'était lié et qu'il entretenait des relations amicales avec un certain nombre d'artistes, éminents professeurs au Conservatoire, il les attirait à l'Institution, soit pour entendre

(1) *Instituteur* t. I. p. 5. — Cette réunion d'élèves aveugles et clairvoyants est pratiquée avec succès au « College for Blind sous of gentlemen-Worcester. » Nous voyons par le rapport de cette école, de 1883, qu'avec 21 élèves aveugles, il y en a 13 clairvoyants. Ce n'est pas une raison d'économie qui est cause de cette réunion ; ce sont des raisons toutes morales. C'est ainsi que nous le voyons dans le rapport précité page. 5. « pour « animer les jeux, rectifier le jugement des aveugles, et leur « rendre quelques services dans leurs études. »

(2) *Instituteur,* t. I. p. 127. — Mémoire 1853, p. 17. *Instituteur* t. II. p. 113.

un concert, soit pour juger les concours nouveaux
de fin d'année ; et pour resserrer des liens auxquels il attachait une si grande importance, il les
invitait à sa table où, dans de telles circonstances,
il avait toujours soin d'avoir deux ou trois professeurs aveugles qui pouvaient ainsi causer longuement et amicalement avec ces artistes. De plus,
il ne négligeait rien pour faire admettre dans les
classes du Conservatoire les meilleurs élèves de
l'Institution qui souvent obtinrent des prix ou des
accessits en concourant bien entendu avec les
clairvoyants.

Mais, si Guadet était désireux et comprenait
toute l'importance de ne pas faire de l'Institution
une école fermée à tout regard et de ne pas élever
les aveugles comme s'ils devaient toujours vivre
avec des aveugles, il était fermement convaincu,
et cela par une longue expérience, que le
contrôle des clairvoyants suffisait et que, pour
l'enseignement proprement dit, l'enseignement de
tous les jours, celui qui forme véritablement
l'élève, les professeurs aveugles étaient cent fois
préférables aux professeurs clairvoyants : 1° parce
que le maître aveugle sait, dès le premier jour de
son enseignement, par quels moyens il arrivera le
plus vite et le plus sûrement à se faire comprendre de son élève ; 2° parceque ce maître est un
modèle vivant, toujours présent, que l'élève n'a
qu'à copier ; le maître aveugle sait ce que l'on
peut exiger de l'enfant aveugle et il connaît le
point précis où la cécité devient un obstacle

6

insurmontable. En présence de tels professeurs, jamais il ne viendra à la pensée de l'élève d'alléguer comme excuse la cécité ; puis le maître aveugle s'attache avec facilité et sans réserve à des enfants dont il comprend tous les sentiments, toutes les impressions ; entre le professeur aveugle et les élèves aveugles il n'y a aucune barrière infranchissable, la classe forme une sorte de famille dont le professeur est le père, tandis qu'entre les élèves aveugles et le professeur clairvoyant il y aura toujours une séparation (1).

Enfin, au point de vue de l'effet produit sur le public, il est très maladroit à une école qui dit constamment à tout le monde : « Prenez comme professeurs des aveugles, ils sont d'excellents maîtres », de ne pas prêcher d'exemple et de commencer par confier à des clairvoyants l'enseignement de ses élèves aveugles, il est bien évident alors que, quand le directeur d'une telle école se permettra de recommander un de ses anciens élèves comme professeur, il s'exposera à s'entendre dire : « Nous ne voulons pas de votre élève, et comment osez-vous nous proposer un aveugle pour enseigner à des clairvoyants, puisque dans votre école vous ne confiez même pas aux aveugles l'enseignement des aveugles » (2).

Pour recruter les professeurs de l'Institution, Guadet ne trouvait rien de mieux que de choisir

(1) *Instituteur* t. II p. 113 t. V. p. 29.

(2) Voir les mêmes passages cités précédemment et *de la condition des aveugles en France,* p. 172, ou *instituteur* t. III. p. 7.

parmi les élèves de cette école ceux qui s'y distinguaient le plus par leur talent, leur savoir et avant tout par leur valeur morale : « Il ne suffit pas, disait-il, qu'un professeur soit un habile joueur de tel ou tel instrument, il faut que ce soit *un homme*, capable de former *des hommes*, et que ses élèves puissent le considérer comme un modèle » (1). Il attachait, sans doute, un grand prix à l'examen rigoureux que les élèves destinés au professorat devaient subir avant d'obtenir le le titre d'aspirant professeur ; mais une fois ce titre acquis, il disait : « Des classes bien faites pendant 2 ou 3 ans sont le meilleur de tous les brevets » (2). Il voulait qu'on imposât aux aspirants professeurs de travailler dans un sens déterminé, qu'ils fussent « professeurs envers les jeunes élèves, et encore élèves envers les anciens professeurs, » qu'ils n'eussent que trois heures de classes à faire, enfin qu'ils pussent travailler très sérieusement à devenir des professeurs émérites, cela en prenant des leçons en dehors de l'école (3).

Il regretta beaucoup la décision ministérielle qui, à partir de 1857, mettait au concours les emplois de professeur, car il prévoyait qu'un jour ou l'autre des professeurs clairvoyants s'introduiraient par cette porte ouverte et il aurait mieux aimé que les élèves de l'Institution restassent

(1) *Discours* de 1863, p. 20.

(2) *Mémoire au directeur* 1853, p. 17. ou *Instituteur* t. III, p. 113.

(3) Rapport au ministre août 1885. (manuscrit).

assurés que, parmi eux, les professeurs seraient
toujours choisis et qu'ils conservassent, comme
but suprême de leurs efforts, l'espoir de devenir un
jour professeurs dans l'école qui les avait élevés.
Il s'attacha à faire améliorer la situation matérielle
de ses professeurs aveugles, et, à plusieurs re-
prises, il chercha à en faire décorer de la Légion
d'honneur disant : « Braille et Gauthier sont morts
sans avoir obtenu des honneurs, qu'il n'en soit
pas de même de leurs successeurs » (1).

Guadet avait le plus grand respect pour le
caractère du maître ; il trouve qu'après le prêtre
la plus haute dignité est celle du professeur et
surtout du professeur spécial, dont la mission
exige un grand dévouement joint à une grande
intelligence (2). Il ne voulait pas qu'on enfermât
le maître dans un programme trop étroit, trop
minutieux ; selon lui, le professeur devait jouir
d'une certaine latitude dans son enseignement,
lequel devait toujours se baser sur les élèves
moyens de sa classe (3). Les classes d'aveugles ne
doivent pas être trop nombreuses car l'enseignement simultané est souvent impossible ; celles de
douze élèves sont dans de bonnes proportions, et
si l'on arrive au nombre de vingt, il faut diviser
la classe en deux sections (4).

(1) Lettre manuscrite.

(2) *Discours* de 1857, p. 6.

(3) *Instituteur* t. I, p. 127, — t. V. p. 103.

(4) *Instituteur* t. V. p. 102. — Dictionnaire de pédagogie de
Buisson, 1er partie, p. 162.

Des examens trimestriels, présidés par le chef de l'enseignement, sont nécessaires pour maintenir l'émulation entre les élèves, se rendre compte de leurs progrès, apprécier le niveau atteint par la classe, et enfin surveiller et diriger au besoin l'enseignement donné par le maître (1). Il faut se garder avec soin, pour faire briller une école d'aveugles aux yeux du public, de pousser tel élève dans une spécialité, tel autre dans une autre, cela sans s'inquiéter de savoir si ces élèves trouveront plus tard, dans ces spécialités, un sûr moyen d'existence. Cet écueil est d'autant plus à redouter que tout y entraîne : l'amour propre de l'établissement qui se trouve flatté de pouvoir présenter, dans ses concerts ou dans ses examens, un élève qui paraît très brillant parce qu'on ne le voit que dans une spécialité; la tendance du professeur qui est toujours d'augmenter, le plus possible, l'importance de l'enseignement qui lui est confié et de dépasser son programme particulier. Il faut donc que le chef de l'enseignement ne se laisse pas éblouir, et que, d'une main ferme, il maintienne l'équilibre en tout et partout (2).

Aux yeux de Guadet, le chef de l'enseignement a aussi un grand devoir à remplir, qui est celui de faire prendre, à l'égard de tout enfant ayant passé trois ans à l'école (3), une détermination

(1) *Instituteur* t. II, p. 111.

(2) *Instituteur*, t. V, 113.

(3) Il est question ici, bien entendu d'une école organisée sur

définitive sur la profession qu'il devra embrasser, s'il sera musicien ou ouvrier. Cette détermination est d'une très grande importance, l'avenir de l'élève en dépend ; et, une fois prise, elle doit être irrévocable, sans qu'aucune influence ne puisse la modifier. Pour prononcer de semblables arrêts, il est bon que le chef de l'enseignement se fasse assister d'un certain nombre de membres du corps enseignant, sur l'avis desquels il puisse s'appuyer en cas de réclamation (1).

Guadet lutta toute sa vie contre les tendances trop administratives du ministère de l'Intérieur, il trouvait qu'on cherchait toujours à retenir l'Institution dans le rôle faux d'hospice ; son son règlement, disait-il, avait plutôt été copié sur celui d'un hospice que sur celui d'une école, les questions d'administration y tenaient une grande place, celles d'enseignement et d'éducation une très petite ; (2) enfin à côté de la commission consultative, composée d'hommes très honorables et très capables sans aucun doute, mais plutôt au fait des questions d'administration que des questions d'enseignement, il souhaitait vivement voir instituer une commission consultative péda-gogique composée d'hommes éminents dans l'en-

le plan de l'Institution de Paris, telle qu'elle était alors et est encore aujourd'hui, et non pas telle qu'elle aurait été d'après le plan général d'instruction publique de l'aveugle, tracé par Guadet.

(1) *De la condition des aveugles en France* p. 17 — 175 ou *Instituteur* t. II, p. 64 et t. III, p. 10.

(2) Rapport au ministre 1858 (manuscrit).

seignement (1). Enfin il souhaitait la réunion de l'Institution au ministère de l'Instruction publique, espérant qu'alors cet établissement serait tout à fait considéré comme une école, et que l'administration supérieure donnerait un peu moins d'importance aux questions administratives et beaucoup plus aux questions pédagogiques. (2)

D'ailleurs, Guadet n'était pas du tout enthousiaste des écoles de l'Etat, il trouvait qu'elles manquaient de liberté; mais, à côté de cela, il reconnaissait que les écoles privées manquaient trop souvent de sécurité, n'étant pas assurées du lendemain. Il pensait que le système consistant à faire subventionner par l'Etat des écoles libres sur lesquelles, par conséquent, l'Etat aurait un droit de haute surveillance, serait le meilleur, car, par là, tout se trouve concilié, l'école privée est assurée du lendemain et l'Etat lui impose une direction générale, l'empêche de s'écarter et de sortir de son vrai rôle, mais sans pouvoir la tracasser dans les détails (3).

Une chose encore qu'il critiquait vivement dans certaines écoles privées, c'était le mystère dont elles s'entouraient, n'ouvrant que difficilement leurs portes aux visiteurs, surtout aux visiteurs compétents, comme si elles avaient craint de laisser voir ou des merveilles dont elles ne vou-

(1) *De la condition des aveugles en France*, p. 176, ou *institu-teur* t. III, p. 11.

(2) Dictionnaire de pédagogie de Buisson, 1re partie, p. 163.

(3) Instituteur, t. V, p. 9.

laient pas donner le secret ou de graves imper-
fections qu'elles ne voulaient pas s'avouer et chercher à corriger.

Guadet souhaitait qu'on fît partout ce qu'il
faisait à l'Institution de Paris, c'est-à-dire, devant
tout visiteur sérieux, ouvrir à deux battants les
portes de l'école qu'il montrait telle qu'elle était,
sans le moindre charlatanisme, disant le fort et le
faible des choses, cherchant à s'éclairer, à propa-
ger ce qui était bon, et à réformer ce qui était
défectueux (1).

E. Systèmes

Relativement aux systèmes propres aux aveugles, Guadet était sage et pratique comme pour
tout le reste. Il prôna avec conviction le système
Braille, contribua puissamment à son adoption
définitive à l'Institution et le fit connaître dans
le monde entier. Il ne craignait pas de dire que
l'invention de ce système était plus grande que
celle de l'impression en relief et déclarait qu'a-
près Haüy, Braille était le plus grand bienfaiteur
des aveugles (2). Cependant il trouvait qu'on avait
tort, à l'Institution de Paris, de ne plus apprendre
aux élèves à lire l'alphabet ordinaire, non pour
s'en servir habituellement, mais pour le connaître,
ce qui peut être utile dans bien des cas. Tant

(1) Instituteur, t. VI, p. 68 t. VII, p. 81.

(2) Discours 1856, p. 9 et dictionnaire de pédagogie de Buisson, 1er partie, p. 161.

qu'on employa pour l'impression des livres, les caractères romains, il ne jugea pas nécessaire de modifier sensiblement la forme de cet alphabet et il voulait qu'on usât, avec les minuscules, des majuscules qu'il estimait au moins aussi nécessaires aux aveugles qu'aux clairvoyants (1).

Les différents procédés à l'aide desquels on a fait tracer aux aveugles l'écriture des clairvoyants ne le satisfaisaient que médiocrement. Il pensait que ce serait toujours une écriture de luxe qui pourrait certainement rendre des services, mais n'aurait jamais une importance capitale dans la vie de l'aveugle ; parceque toutes ces écritures avaient à ses yeux de graves inconvénients : ou elles ne peuvent pas être relues par l'aveugle, ou elles sont trop lentes et trop difficiles à tracer, ou, enfin, les appareils, à l'aide desquels on les obtient, sont trop compliqués et trop coûteux (2).

Il en est de même pour l'écriture de la musique des clairvoyants qui présente des difficultés sans nombre. Il ne repoussait pas systématiquement tous les procédés tendant à permettre aux aveugles de tracer l'écriture des clairvoyants. Non, il avait trop de bon sens pour cela, et constamment, il recevait des lettres d'aveugles écrites à l'aide du

(1) *Instituteur*, t. I, p. 217.

(2) *Instituteur*, t. I, p. 14-31. Il n'était pas question alors de la stylographie, système simple et ingénieux du comte de Beaufort; il est probable que Guadet eût apprécié ce procédé réellement pratique qui permet à l'aveugle de se mettre directement en relations écrites avec tous les clairvoyants.

raphigraphe Braille-Foucault, qu'il appréciait assurément beaucoup. Il pensait que cette écriture ne devait servir aux aveugles que dans leur correspondance avec les clairvoyants et que, pour leur enseignement, leurs besoins de tous les jours dans la vie, il leur fallait avoir un système d'écriture mieux approprié à leurs facultés, et enfin, que le système Braille répondait admirablement à toutes ces exigences.

Guadet disait que les enfants aveugles apprenaient plus vite à lire que les enfants clairvoyants (1); mais, cependant, s'il aimait et favorisait beaucoup le système Braille, il ne se faisait pas illusion sur les entraves qu'une écriture en relief quelconque mettrait toujours à la formation d'une bibliothèque pour les aveugles. Il espérait que ceux-ci arriveraient certainement, avec le temps, à avoir à leur disposition des livres d'étude indispensables; mais, ce qu'il repoussait comme une chimère, c'était la pensée de former aux aveugles une bibliothèque *amusante* (2). Je sais bien qu'il ne goûtait que médiocrement l'écriture Braille sur les deux côtés du papier (3), procédé qui, joint à l'emploi d'un type plus fin et à un système d'abréviations, permet de réaliser une sérieuse diminution dans le volume des livres imprimés en relief.

(1) Instit. t. 5, p. 104.

(2) *Instituteur*, t. I, p. 220.

(3) *Instituteur*, t. IV, p. 83.

Pour faire connaître aux aveugles la forme des animaux, des plantes, etc., Guadet n'aimait pas les bas-reliefs faits sur plaque de métal ou sur toute autre substance ; il préférait de beaucoup qu'on présentât à la main de l'aveugle des réductions d'animaux dans leur forme complète, comme par exemple des jouets d'enfants.

Il voulait bien entendre qu'on étudiât la géographie à l'aide de cartes en relief, mais celles qui existaient ne le satisfaisaient guère ; il souhaitait pour cet enseignement un double atlas ; 1° des cartes d'ensemble très simples, très peu détaillées ; 2° des cartes détaillées extrèmement circonscrites. L'histoire même pour les aveugles, aussi bien que pour les clairvoyants, lui semblait devoir être enseignée à l'aide de cartes faites spécialement pour cet enseignement (1).

Dans l'adoption des nouveaux systèmes qui lui étaient présentés, Guadet était d'une prudence et d'une réserve très grandes. Il dut, bien des fois, mécontenter des inventeurs, toujours prompts à se faire illusion sur la portée de leurs découvertes ; il exprimait franchement sa manière de penser, disant : « on favorise le progrès de deux manières, en faisant connaître les innovations utiles, et en avertissant, même au risque de leur déplaire, ceux qui se trompent et qui ne sont pas dans la bonne voie. » (2) Il n'eut jamais la passion de l'invention, il renonça très facilement, très sim-

(1) *Instituteur,* t. V, p. 107,
(2) *Instituteur,* t. III, p. 252.

plement, à un système d'écriture musicale qu'il
avait imaginé, mais qu'il n'hésita pas à laisser
de côté en présence du système Braille (1), aussi
déplorait-t-il qu'en Angleterre, l'amour-propre
d'inventeur empêchât des hommes, dévoués et
intelligents, de s'entendre et de s'unir pour rendre
plus efficace le bien qu'ils faisaient aux aveugles
chacun de leur côté. (2)

Le grand développement qu'a pris de nos jours
la *British and Foreign blind association* (3) l'aurait rendu très heureux, et il eût applaudi des
deux mains aux efforts si fructueux faits par
cette utile société, pour répandre, dans le monde
entier, l'écriture Braille appliquée aux paroles et
à la musique. Il souhaitait vivement de voir
tous les aveugles musiciens du monde écrire la
musique, cette langue universelle, d'après un
même système, et il terminait son dernier écrit
sur les aveugles par ces mots : « Le plus grand
danger que courent aujourd'hui les Institutions
d'aveugles, c'est cette multiplicité de procédés

(1) *Instituteur*, t. I, p. 118.

(2) *Instituteur*, t. VII, p. 39.

(3) On peut juger du développement de cette société par les
lignes suivantes extraites de son rapport de 1884, page 10 : « Il
est à remarquer que la vente des appareils nécessaires à l'enseignement des aveugles a beaucoup augmenté depuis deux ans.
Cette augmentation est à raison de 5000 fr. par an. Nous avons
vendu à Melbourne et à Sydney un grand nombre de livres
d'études, de cartes de géographie et autres appareils. Nous
approvisionnons aussi Philadelphie et plusieurs institutions d'Europe. »

qui les sépare les unes des autres, entraîne à d'énormes dépenses et paralyse leurs moyens d'action » (1).

_____

(1) Dictionnaire de pédagogie de Buisson, 1ʳᵉ partie, p. 165.

CHAPITRE III

Emploi des aveugles sortis de l'école

Une grave question se pose pour les aveugles et pour les personnes qui s'intéressent à leur sort au moment où ils quittent l'école et où ils entrent dans la vie. Quelle place vont-ils prendre? Comment vont-ils subvenir à leurs besoins? Ce sont là des problèmes sérieux, de la solution desquels on peut préconiser ou infirmer la valeur pratique de l'enseignement donné dans une école. En effet, c'est là qu'il faut en venir. Tant qu'il s'agit de produire, dans un concert ou dans une solennité quelconque, un ou deux bons élèves musiciens exécutant convenablement un morceau étudié avec soin, ou bien d'exposer dans une vitrine des ouvrages manuels longuement préparés, il est relativement facile d'enlever d'enthousiastes suffrages; mais les choses changent singulièrement de face quand il faut que le musicien aveugle obtienne un emploi d'organiste, qu'il se constitue une clientèle de leçons ou d'accords et que l'ouvrier aveugle vende avantageusement ses produits. C'est alors que les difficultés surgissent de toutes parts et que les vrais obstacles apparaissent.

La grande question de l'emploi des aveugles dans le monde fut, bien entendu, une des principales préoccupations de Guadet ; il avait foi dans la cause des aveugles, croyait qu'elle finirait par triompher, mais pensait que les aveugles eux-mêmes devaient beaucoup faire pour cela.

Il faut, disait-il, demander énergiquement au public non de la compassion, mais du travail; seulement, ce n'est pas tout que de procurer du travail à l'aveugle, il faut que celui-ci soit digne et capable de s'acquitter de la tâche sollicitée.

§ I. MUSICIENS (ORGANISTES, PROFESSEURS DE MUSIQUE, ACCORDEURS)

Tout naturellement, il divisait les aveugles sortis des écoles en deux grandes catégories : (je ne parle, on le comprend, que des aveugles obligés de vivre de leur travail) la première, comprenant les musiciens, organistes, professeurs ou simplement accordeurs ; la seconde, les ouvriers de tous genres.

Les aveugles faisant partie de la première catégorie sont beaucoup moins nombreux que ceux constituant la seconde, mais les aveugles qui arrivent aux professions fournies par la musique acquièrent dans la société une situation matérielle et morale à laquelle les travaux manuels n'auraient jamais pu les conduire. Guadet croit, et c'est une idée que j'ai été heureux de trouver chez lui, que Valentin Haüy dût entrevoir, dans une illumination que son grand amour des aveugles pouvait seul lui donner, l'immense importance que la musique aurait peut-être un jour pour ses chers enfants d'adoption (1). Guadet n'hésite pas à dire que beaucoup d'élèves de l'Institution en travaillant énergiquement peuvent arriver par la musique à acquérir une situation à laquelle ils ne seraient probablement point parvenus, si, clairvoyants, ils fussent restés dans leur famille ; ceux-là, du moins, observe-t-il, ne peuvent pas se plaindre de la rigueur de la Providence à leur égard (2).

Mais si Guadet caressait avec tant de complaisance l'idée de pousser le plus d'aveugles possible vers la profession de musicien, il ne se faisait point illusion cependant sur les difficultés que ses élèves devaient rencontrer dans le monde ; et aussi, nous l'avons déjà vu, il voulait qu'ils fussent préparés à la lutte par des études techniques et pratiques extrêmement sérieuses. Il ne faut pas de médiocrité, et les aveugles doivent s'imposer à l'attention des connaisseurs (3). Les élèves de l'Institution lui paraissaient, quant au fond, convenablement préparés, mais il avouait que la forme laissait souvent bien à désirer. Les bonnes manières influent beaucoup sur la réussite des aveugles dans le monde et nos élèves en manquent trop fréquemment (4). Il

(1) *Institut des jeunes aveugles de Paris*, p. 26.
(2) *Discours* de 1868, p. 12.
(3) *Les aveugles musiciens*, p. 20.
(4) Discours de 1863, p. 22, et discours de 1868, p. 11.

aurait voulu aussi qu'avant de sortir de l'école les jeunes musiciens aveugles eussent beaucoup d'occasions de contact avec les clairvoyants, avec les sommités artistiques, et pour cela, comme aussi pour l'extension et le perfectionnement des études supérieures, il souhaitait ardemment qu'on prolongeât de 2 ou 3 ans le séjour des élèves à l'école (1).

L'apprentissage de l'accord des pianos fut toujours une branche d'enseignement chère à Guadet. Voyant la concurrence augmenter dans la carrière d'organiste et de professeur, il considérait cet art professionnel comme la planche de salut des aveugles musiciens, soit qu'ils se consacrassent exclusivement à l'accord, soit qu'ils en fissent une annexe de leur profession principale.

§ II. Professeurs de lettres et de sciences.

Pour la carrière de professeurs de lettres ou de sciences, au moins en ce qui touche l'enseignement élémentaire, Guadet ne pensait pas que les aveugles pussent jamais en tirer un profit bien sérieux, non pas qu'il crût que les aveugles fussent incapables de donner à des clairvoyants des leçons de grammaire, d'arithmétique, et d'histoire, etc, mais il lui semblait qu'au moins en France il serait difficile à un maître aveugle de maintenir l'ordre dans une classe nombreuse d'enfants clairvoyants, et il ne fut jamais chaud partisan de

(1) *Mémoire de 1853*, p. 38, ou *Instituteur* t. II. p. 85-86.

la classe organisée à l'Institution par le directeur Dufau, classe ayant pour but de préparer les élèves les plus intelligents à l'obtention du brevet de capacité exigé pour les instituteurs primaires; certainement il ne désapprouvait pas que les élèves qui avaient fait de bonnes études intellectuelles cherchassent à se procurer ce diplôme qui ne pouvait que les aider même dans leur carrière de musicien, mais il ne croyait pas qu'on pût compter sur ce diplôme pour se faire une position (1).

§ III. Ouvriers

Quant à la vie de l'ouvrier aveugle dans le monde, la question est tout autre, et Guadet a toujours dit qu'on se faisait gravement illusion si l'on s'imaginait que, sauf exception, l'aveugle ouvrier travaillant seul chez lui puisse arriver à gagner entièrement sa vie; il croyait que, terme moyen, l'aveugle ne pouvait arriver à gagner que la moitié de ce que gagnerait un clairvoyant placé dans les mêmes conditions que lui, car le travail matériel de l'aveugle est plus lent ou plus imparfait que celui des clairvoyants (2).

(1) *Rapport au ministre*, août, 1855, (manuscrit) et *de la condition des aveugles en France*, p. 58, ou *Instituteur* t. II, p. 128-129.

(2) *De la condition des aveugles en France*, p. 64 ou *Instituteur* t, II. p. 134 et *dictionnaire de pédagogie* de Buisson, 1re partie p. 163.

§ IV. Maisons de travail

Aussi Guadet demandait avec instance la création d'ouvroirs ou maisons de travail, dans lesquels les aveugles travaillant et vivant en commun
pourraient tirer un meilleur profit de leur travail.
Ces établissements, dans sa pensée, devaient être
créés et soutenus par l'Etat; plutôt organisés sous
forme d'asiles, c'est-à-dire les ouvriers pouvant y
manger, y coucher et étant assurés de voir toujours leurs besoins satisfaits, que sous formes de
simples ouvroirs où les ouvriers sont externes et
ne reçoivent que ce que leur travail produit. Il
reconnaissait que le second système stimulait
davantage l'ardeur au travail, mais il trouvait
aussi que le premier donnait plus entière satisfaction aux besoins moraux de l'aveugle, qui
souffre dans le monde du manque d'indépendance
et pour qui la vie de famille ou au moins de communauté est précieuse (1). Or, comme il croyait
que l'homme n'est pas une machine à travail mais
un être pensant et aimant, il n'hésitait pas à
préconiser l'ouvroir-asile, ou pour parler plus
exactement l'ouvroir avec internat.

Toutefois, il aurait laissé libre de vivre chez
eux ceux des ouvriers qui auraient été mariés ou
qui auraient eu simplement la possibilité de vivre
avec leurs parents très rapprochés : père, mère,

(1) De la *Condition des aveugles en France*, p. 176 ou *Instituteur* t, III. p. 12.

frères, sœurs; il étendait, quoique avec plus de
réserve, cette faculté aux ouvrières aveugles. Il ne
jugeait pas qu'on dût le moins du monde empêcher
l'ouvrier aveugle de se marier; mais, trouvant que
c'était là une charge lourde, peut-être même trop
lourde pour l'ouvrier privé de la vue, il pensait
qu'on devait plutôt le retenir que le pousser dans
cette voie, et aussi il n'approuvait pas la pratique
de certaines maisons de travail d'Angleterre qui
se chargent de donner aux femmes de leurs ouvriers du travail dans des conditions favorables.

Le choix des métiers doit être déterminé dans
chaque maison de travail par les besoins du pays
où se trouve situé l'établissement; il faut avant
tout fabriquer des objets qui se vendent aisément
et, autant que possible, aux environs du lieu
de fabrication, mais il faut aussi avoir grand soin
de choisir des travaux que les aveugles puissent
exécuter facilement. Avec du temps et un bon
enseignement il est possible d'apprendre à l'aveugle à faire des ouvrages d'une grande finesse et
d'une grande perfection, mais cela n'a rien de
pratique. Si on veut étonner, émerveiller le
public et se contenter d'applaudissements, c'est
très-bien; mais, si l'on veut que l'aveugle trouve
dans son travail quotidien la totalité ou la plus
grande partie de ses moyens d'existence, il faut
choisir des travaux simples, plutôt grossiers que
fins, que l'aveugle puisse exécuter promptement;
car c'est la célérité qui lui fait le plus défaut et, à
cause de cela, il vaut mieux qu'il soit un peu

au-dessus qu'un peu au-dessous de la tâche qui lui est confiée. Il ne doit faire sérieusement l'apprentissage que d'une seule profession. La division du travail, si avantageuse pour l'ouvrier clairvoyant, l'est bien plus encore pour l'ouvrier aveugle ; en effet, celui-ci faisant toujours la même partie de la besogne, arrivera, on le comprend, à une rapidité beaucoup plus grande que s'il exécute le travail en totalité. Cette nécessité de diviser le travail est encore une des grandes raisons qui militent en faveur du système des ouvroirs, préférablement à celui consistant, une fois l'apprentissage terminé, à laisser l'aveugle retourner dans sa famille pour y exercer sa profession.

Guadet, dans son plan général d'organisation, place de préférence les maisons de travail à la campagne, il trouve à cela beaucoup d'avantages et aucun inconvénient. A la campagne, la vie, le local, tout est moins cher, et les travaux exécutés par les aveugles ne sont pas de ceux qui ont leur placement exclusif dans les villes, bien au contraire il faut cependant que ces établissements soient à portée de moyens de communication. Puis la campagne présente beaucoup plus de garantie que la ville au point de vue de la moralité de la vie des ouvriers externes. Là, en effet, où tout le monde se connaît, où tout le monde travaille, l'oisiveté a peu d'attraits et entraîne une prompte déconsidération. Il faut que les maisons de travail n'aient rien de commun, autant que possible, avec

J. GUADET

les écoles, mais elles pourraient avoir une section consacrée aux apprentis.

CHAPITRE IV.

Asiles, Maisons de retraite

C'est à l'âge de 50 ans que Guadet estime que l'heure de la retraite sonne généralement pour l'ouvrier aveugle. S'il n'a pas d'intérieur, il faut alors que la porte de l'hospice s'ouvre pour lui et qu'il finisse sa vie non dans l'oisiveté, mais dans un labeur moins constant et moins astreignant que celui de l'atelier. Les maisons de travail pourraient recevoir, bien entendu, les aveugles qui auraient perdu la vue après l'enfance, mais il croit que lorsque la cécité atteint l'homme après 40 ans, il est difficile qu'il puisse devenir un ouvrier sérieux et il faut tout de suite l'admettre à l'hospice, il est clair que cette règle peut souffrir des exceptions. (1)

Sur l'organisation des hospices réservés aux aveugles, je ne sais pas qu'elle était l'opinion de Guadet, voulait-il des établissements spéciaux ou des sections spéciales dans les hospices ordinaires? Il ne s'est jamais prononcé sur cette question, au moins dans ses écrits; d'ailleurs, je tiens à dire, en finissant, que Guadet, qui, on le sait, n'était pas un

(1) *De la condition des aveugles en France,* p, 176 etc ou *Instituteur* t, III p. 12 etc.

homme de théorie, mais bien un homme de pratique, faisait observer lui-même que tout ce qu'il disait sur l'organisation morale et matérielle des ateliers devrait être revisé et contrôlé par l'expérience ; il se bornait à indiquer ce qui lui semblait le meilleur d'après les tentatives faites principalement à l'étranger.

Nota. — Toutes les appréciations qu'on vient de lire sont résumées très consciencieusement, on peut d'ailleurs s'en assurer à l'aide des nombreux renvois indiquant où elles ont été puisées. Le numéro de la page est toujours donné, il est donc facile à ceux qui souhaitent de plus grands développements, de se reporter au passage de Guadet. Les indications étant mises assez laconiquement, il faut se rappeler que les discours cités ne portent que la date de l'année où ils ont été prononcés, et le numéro de la page du Palmarès de l'Institution de Paris dans lequel ils sont insérés. D'ailleurs, il suffit de consulter la liste générale des ouvrages de Guadet (3e partie), dans laquelle les titres sont donnés en entier.

La collection de l'Instituteur étant la publication de Guadet la plus répandue, c'est surtout à cette collection que j'ai renvoyé le lecteur.

J. GUADET

ET

LES AVEUGLES

TROISIÈME PARTIE

SES ÉCRITS

Il ne me semble pas utile d'analyser séparément chaque écrit de Guadet ; ce travail serait fastidieux et sans profit, car il fut souvent obligé de se répéter. Ecrivant pour des lecteurs différents, la monotonie n'était pas à craindre, il savait en outre que pour faire adopter une thèse, le plus sûr moyen est d'y revenir sans cesse.

L'écrivain novice craint souvent de fatiguer son lecteur, mais celui qui est plus familiarisé avec la paresse de notre esprit, pense que ce n'est qu'en répétant à satiété les mêmes choses, simplement rajeunies afin de faire croire qu'elles sont nouvelles, que l'on arrive à convaincre.

Dans ses écrits, il s'adressait à quatre catégories de lecteurs ; c'était, dans ses discours, aux élèves et aux maîtres de l'Institution ; dans ses rapports, aux membres de l'administration ; dans ses grands ouvrages sur les aveugles, aux hommes spéciaux, aux instituteurs d'aveugles. Certains de ses ouvrages devaient aussi être lus au ministère de l'Intérieur par ceux qui tenaient entre leurs mains la destinée de l'Institution. Enfin, dans divers articles faits pour les revues, ou pour d'autres publications, dans des brochures de propagande, il s'adressait au grand public, à tout le monde.

C'est à ce grand public qu'il a le moins parlé ; quand il l'a fait, il s'est borné à résumer ses écrits antérieurs ; voilà pourquoi ces articles semblent plutôt être encore adressés à des hommes spéciaux, qu'à ces lecteurs curieux, mais peu attentifs. — Cette catégorie de lecteurs aime certainement à apprendre quelques détails précis , mais tient avant tout à des récits piquants, au pittoresque, à la vie , à la couleur, enfin à ce que Maxime Ducamp sait si bien mettre dans ses études sur les œuvres de bienfaisance, et sur les différents services de l'organisation matérielle de notre société moderne. La couleur manque à Guadet, au moins dans ce genre d'écrits, et cela vient, je le répète, de ce qu'il ne travaillait pas spécialement pour le grand public.

Une autre critique que je ferai, mais toujours avec toute la modération et le respect qu'un apprenti doit apporter à l'analyse de l'œuvre d'un

Maître, c'est que dans ses écrits adressés aux pédagogues, il y a trop d'apologie en faveur des aveugles, c'est du moins l'impression que je ressens en les lisant en 1885. Mais, je sais bien qu'à l'époque où il écrivait ces apologies, elles étaient peut-être nécessaires ; car alors beaucoup d'hommes spéciaux, surtout dans certains pays étrangers, étaient les premiers à contester l'utilité pratique de l'enseignement musical pour les aveugles, et cela faute d'expérience. Il fallait bien alors que Guadet leur dit et leur répétât sans cesse : les aveugles peuvent faire d'excellents musiciens, ils font d'excellents musiciens, nous en produisons chaque jour, imitez-nous, et vous obtiendrez des résultats semblables aux nôtres.

Et puis, pendant qu'il écrivait, il devait voir parfois se dresser, devant sa table de travail, l'ombre de quelque farouche bureaucrate du ministère, avec lequel, la veille encore, il lui avait fallu disputer, pied à pied, un crédit impérieusement exigé par les besoins de l'école ; et, malgré lui, Guadet s'adressait à cet interlocuteur fantastique aujourd'hui, mais hier bien réel, qui n'avait qu'une réponse : « l'instruction des aveugles coûte déjà beaucoup trop cher à l'Etat ; et je doute que vous obteniez des résultats, qui puissent, avantageusement pour votre thèse, être mis en regard de vos exigences. » Alors Guadet s'animait en pensant que les pages qu'il écrivait pouvaient tomber sous les yeux de ce froid contradicteur, et il établissait, avec chaleur, qu'on ne doit pas compter les sacrifices, quand on vise un but élevé où l'on est certain d'atteindre.

D'ailleurs, il voyait les défauts de ses écrits et reconnaissait qu'il n'avait parlé que pour un public spécial.

CHAPITRE I

Ecrits adressés aux élèves et aux maîtres de l'Institution

C'est dans ses discours prononcés aux distributions de prix, que Guadet s'adressait aux maîtres et aux élèves de l'Institution ; le premier date de 1846, puis, il nous faut aller jusqu'à 1855 pour trouver le second ; mais, à partir de cette époque, ils furent très fréquents. On y rencontre peu de ces banalités si communes dans les harangues qu'il est d'usage de prononcer pour ces solennités scolaires.

Voici, d'ailleurs, les sujets de ces allocutions. On verra qu'ils étaient bien choisis :

1846 Efforts que doivent faire les élèves ;
1855 Devoir des professeurs et des élèves de l'Institution ;
1856 Hommes distingués sortis de l'Institution ;
1857 Mérite des professeurs de l'Institution ;
1859 De la tenue et des manières qu'il convient d'apporter dans le monde ;
1861 Respect dû aux maîtres par les élèves ;
1863 Capacité et situation des aveugles ;
1865 Respect dû aux traditions ;
1867 Organisation de l'enseignement de l'Institution de Paris ;
1868 De la condition des aveugles instruits.

Quelquefois, dans ses discours, Guadet descendait à des détails un peu intimes qui auraient mieux convenu, à une réunion exclusivement composée des maîtres et des élèves de l'Institution, qu'à une distribution de prix, dont l'auditoire n'est pas toujours restreint aux parents et aux amis les plus intimes des élèves. Il me semble, par exemple, que s'il avait traité, en conférence privée, le sujet très important d'ailleurs, de la tenue et des manières qu'il convient d'apporter dans le monde, il aurait pu approfondir cette question, appuyer, insister beaucoup sur des détails, qu'il ne pouvait qu'effleurer en public.

Dans toutes ses allocutions, Guadet relevait beaucoup les aveugles, les encourageait à travailler; il leur racontait ce qu'avaient été les principaux élèves de l'école, et puis il s'écriait : noblesse oblige, ce que vos devanciers ont fait, vous pouvez, vous devez le faire, il faut marcher sur leurs traces.

Il savait stimuler les efforts des élèves, leur montrer brillant le but qu'il voulait leur faire atteindre, et ne craignait pas de leur dire : l'aveugle qui arrive à gagner sa vie par son travail mérite l'admiration de tous. Quelques uns penseront peut-être qu'il est dangereux d'agir ainsi, que l'on risque de griser ces têtes d'écoliers, et de développer, chez elles, un amour propre, un orgueil démesuré. Oui ! sans doute, c'est dangereux si l'on n'a pas le soin de montrer bien vite à cette jeunesse le revers de la médaille que l'on vient de frapper en son honneur ; mais n'est-il pas plus dangereux encore de risquer l'avenir de

l'aveugle ? Quand on s'occupe d'individus qui ont
à surmonter dans la vie de grandes difficultés,
qui auront besoin, pour réussir dans le monde,
d'être plus instruits que leurs concurrents, cependant mieux favorisés qu'eux, eh bien ! je le
demande, ne faut-il pas pour réclamer et obtenir
de ces enfants aveugles l'énorme somme de travail qu'il est nécessaire d'exiger d'eux, pour en
faire, en huit ans, des musiciens complets; ne faut-
il pas les enlever, les soutenir par un vigoureux
élan, et est-ce un bon moyen d'y réussir que de
commencer par les écraser, en leur montrant leur
situation sous son jour le plus défavorable ? C'est
très bien sans doute d'inspirer l'humilité ; mais il
faut la donner en temps et lieu opportuns, et sous
prétexte de ne pas rendre orgueilleux les enfants
aveugles, il faut prendre bien garde de ne pas
étouffer le germe de vie sociale qui est en eux, de
ne pas éteindre la flamme du travail qui s'allume
facilement chez la plupart des jeunes aveugles
intelligents. (1)

(1) Voici les lignes que j'ai été heureux de trouver sur le même
sujet, dans le rapport de 1883 (p. 18) du collège de Worcester
for Blind sons of Gentlemen.

Elles sont extraites d'un rapport de M. Wilnore Hooper, con-
férencier à l'université de Durham, sur les examens qu'il a fait
passer aux élèves.

« Il est un point sur lequel j'aimerais à m'étendre, quoique
cela sorte un peu de mes attributions officielles ; j'ai examiné ce
point avec la plus grande attention ; je veux parler de l'esprit
qui anime cette école, du principe fondamental sur lequel elle est
basée. Cet esprit est exactement le même qui faisait agir Saint-
Paul, c'est le principe de ne plus penser au passé irrémédiable,
pour porter tous ses efforts vers les possibilités de l'avenir.

Guadet comprit très bien ce devoir, lui et Mlle Caille, son élève à cet égard, furent toujours dans ces idées hautes et larges ; et je ne crois pas m'aventurer en disant que c'est à l'esprit dont il sut ranimer tout le corps enseignant de l'Institution, que cette école doit, presque autant qu'à sa situation exceptionnelle, les beaux résultats qu'elle a obtenus dans l'instruction des aveugles.

C'est dans ses discours que Guadet a le plus d'élan ; il en a même quelquefois beaucoup ; et ils sont remarquables, en ce sens qu'il a su joindre aux enseignements utiles, l'enthousiasme, la chaleur, la vie.

Deux de ces allocutions, celles de 1855 et de 1856 furent réunies par Guadet à son volume « *de la Condition des aveugles en France* » ; mais je trouve que, si jamais on rééditait quelques unes de ses œuvres sur les aveugles, c'est le discours

Il me semble que le collège des aveugles de Worcester diffère beaucoup sur ce point des autres institutions d'aveugles.

Dans les asiles ou les ouvroirs consacrés à l'industrie, les aveugles trouvent une sympathie maladroite qui leur présente sans cesse leur infirmité comme un obstacle à tout progrès futur, continuellement, ils s'y rappellent qu'ils sont privés de la vue, et qu'ils ne peuvent rien faire aussi bien que leurs frères clairvoyants. Au collège de Worcester, au contraire, l'aveugle est aidé avec bienveillance, mais avec discrétion. Il y est traité avec une sage et salutaire négligence qui lui apprend à oublier sa cécité, et ainsi on fait table rase du passé pour ne plus s'occuper que de l'avenir. On lui fait comprendre qu'il est un homme, que ses hautes facultés sont demeurées intactes, et au lieu d'en faire un être sans énergie, sans force et dépendant, on le prépare à devenir un membre de la société, libre, et sachant se suffire à lui-même. »

de 1863 qui devrait être choisi de préférence à beaucoup d'autres, parce qu'il donne précisément le résumé de toutes ses opinions sur les aveugles ; en quelques pages, on trouve un raccourci de tout ce qu'il a pensé et écrit sur cette question.

———✦⟨✕⟩✦———

CHAPITRE II

Ecrits adressés à l'Administration

Sans rechercher dans tous les travaux de Guadet ce qu'il y introduisait à l'intention de l'Administration, je ne m'occuperai pour l'instant que des écrits adressés directement à ses chefs hiérarchiques.

Ces écrits sont très nombreux, si l'on parle de tous ses rapports, de toutes ses lettres, de tous ses papiers administratifs restés manuscrits. Seulement, comme ces documents se trouvent enfouis dans les cartons du ministère, je ne puis les analyser ici ; car il m'est impossible d'y renvoyer le lecteur ; il me suffira de dire en général, que tout cela est écrit avec clarté, simplicité, et précision. (1)

Dans ses rapports annuels, Guadet revenait souvent sur les mêmes questions ; car ce n'était qu'après avoir demandé longtemps une amélioration qu'il arrivait à l'obtenir.

Parmi ces documents, il en est un moins inédit que les autres, puisqu'il a été autographié et tiré

---

(1) En 1855, l'année de sa nomination de chef d'enseignement, il adressa au ministre un rapport très important sur la situation de l'Institution.

à quelques exemplaires, il a une importance tout à fait exceptionnelle ; c'est « le mémoire sur l'état de l'éducation et de l'enseignement dans l'Institution, adressé à M. Dufau, directeur » (1853).

Voici quel était le plan et la division de ce travail : I, Observations préliminaires ; II, Education; III, Enseignement intellectuel ; IV, Enseignement musical ; V, Etudes ; VI Examens trimestriels; VII, Conclusion.

Pour montrer quelle valeur avait ce mémoire, et combien il fut apprécié par des juges compétents, je ne puis faire mieux que citer ici deux lettres, une de M. Dufau, l'autre de M. l'abbé Daras, alors directeur de l'Institution des sourds-muets et des aveugles de Saint-Médard-les-Soissons, qui publiait un recueil périodique intitulé: *le Bienfaiteur des Aveugles et des Sourds-muets.* »

« Paris, le 10 août 1853,

« Je viens de lire, mon cher ami, votre rapport, et je ne veux pas tarder d'un instant à vous dire que je le trouve excellent d'un bout à l'autre, pour le fonds comme pour la forme. Je ne voudrais pas qu'un tel travail fût enfoui dans les bureaux. Je crois qu'il est mieux de le faire imprimer ou autographier, (le dernier convient mieux, je crois) et de l'envoyer dans cette forme au ministère, aux inspecteurs généraux; je crois que vous ferez bien de le revoir dans cette pensée, et d'ajouter

quelque chose sur les travaux (1). Nous en parlerons demain matin.

Adieu, votre dévoué,
DUFAU ».

Le mémoire vit en effet le jour, et voici ce
qu'en pensait l'abbé Daras.

Saint-Médard-les-Soissons, le 23 octobre 1853.

« Monsieur,

« A mon retour d'une absence notable, j'ai
trouvé chez moi votre envoi, et je vous prie de
vouloir bien recevoir mes tardifs remercîments.
Le rapport sur l'Institution que vous dirigez, sous
M. Dufau, a fixé mon attention d'une manière
toute spéciale, je l'ai non seulement lu et relu, je
l'ai *étudié*, et j'en donnerai une étude motivée dans
le *Bienfaiteur*, ce n'est pas seulement le rapport
d'une école, c'est un tableau de maître sur la
question. Or, cette question est capitale, c'est celle
de l'enseignement général des aveugles dans un
établissement d'éducation, tel qu'il convient à cet
enseignement d'être chez une grande nation.
L'éducation industrielle, artitisque et littéraire
des aveugles est envisagée dans votre mémoire
avec largeur et fermeté ; il règne, dans tout le
cours de ce travail, une sûreté de vue, une indépendance de pensée, et ce que j'appellerai une
conscience de la question, qui donne une valeur
toute spéciale à votre écrit ; il mérite d'être connu

(1) Travaux manuels.

de tous les établissements du Globe, et il le sera ; il pose nettement la question et écarte de suite plusieurs points préjudiciels que les écoles Américaines ont méconnus. J'en donnerai un rapport substantiel, raisonné, motivé. »

Ce mémoire joua un grand rôle dans l'œuvre de Guadet, comme écrivain spécial ; il y puisa beaucoup dans la suite. Aussi, un instituteur d'aveugles de l'étranger ayant traduit, dans un rapport imprimé adressé au ministre de son pays, d'importants fragments de ce mémoire, sans citer le nom de Guadet, celui-ci lui écrivit les lignes suivantes, pour revendiquer la paternité de ce travail :

22 octobre 1856,

« Monsieur et cher collègue, »

« J'ai reçu, seulement le 15 du mois courant, avec votre lettre datée du 6 mai dernier, votre mémoire sur les Institutions d'Europe. Je vous remercie beaucoup de cet aimable souvenir et de tout le bien que vous avez eu la bonté de dire de moi. Je vais rendre compte de cet important ouvrage dans mon journal, j'y trouverai le sujet d'un article très curieux sur les Institutions d'aveugles que vous avez visitées, et je ne manquerai pas de rendre témoignage en faveur du mérite de votre œuvre.

Toutefois, je serai obligé de revendiquer quelques parties de votre beau travail ; et voici pourquoi : Votre 3me partie est une traduction de mon mémoire sur l'état de l'éducation, et de l'enseignement dans l'Institution des jeunes aveugles de Paris, écrit en 1853, non imprimé, mais seulement autographié et très peu répandu ; il est possible que j'aie envie de le publier quelque jour, ou d'en publier des fragments et, si je ne prenais date, je semblerais copier ce que vous avez écrit. Je suis très aise que vous ayez reproduit ce travail, mais je désire aussi conserver le droit de le publier comme travail original, et non comme copie. Je mets à la disposition de tout le monde, et surtout des étrangers, tout ce que je puis avoir fait, mais il est bien juste que je constate que c'est moi qui l'ai fait. »

A cette revendication si légitime, et faite, on le voit, en termes très convenables, voici la flatteuse réponse qu'il reçut.

(Je francise certaines tournures de phrases par trop étrangères).

« Monsieur Guadet, mon si apprécié et très aimé collègue. »

« Toutes vos lettres me sont très agréables, celle du 22 octobre me le fut également, bien qu'elle m'ait laissé un sentiment dont je ne pourrai jamais me tranquilliser, parce que je vois qu'elle me condamne avec raison pour avoir manqué à la confiance que vous m'avez témoignée, confiance que je n'oublierai jamais et que, constamment, je consigne par écrit et de vive-voix toutes les fois que j'en trouve l'occasion ; cependant, tout cela ne m'excuse pas d'avoir mis comme original un travail de vous, en l'accommodant à l'état de notre collège. Toutefois, je dois vous donner quelques explications relativement à cette affaire. Au retour de ma commission, le ministre me manda de rédiger le mémoire de ce que j'avais vu et observé comme le meilleur, pour l'appliquer à nos établissements. Alors, il ne me dit pas que ce mémoire serait imprimé. Pensant que le dit travail, comme tant d'autres, serait enseveli dans les archives du dit ministère, je m'enhardis à profiter de celui que vous me donnâtes, comme étant le plus parfait; car, après avoir fait l'énumération de toutes les institutions d'aveugles, et avoir parlé de la supériorité que je donnais à la vôtre, à son caractère et à votre talent, je ne trouvais rien de plus intéressant à mettre dans mon mémoire, dans la partie qui touchait à ce qui pouvait et devait se faire pour l'instruction et l'éducation des aveugles, que le rapport que vous fîtes au directeur d'alors. On le trouva bon et on donna l'ordre de l'imprimer.

Malheureusement, il est possible qu'on le lise très peu à l'étranger, parce que dans mon long voyage à peine rencontrai-je trois personnes qui lisaient facilement notre langue. Plut à Dieu qu'il n'en fût pas ainsi ! Plut à Dieu que notre idiome fût aussi connu que le français ! Alors, se mettrait en circulation un si excellent travail, et les instituteurs et les directeurs pourraient en tirer parti ; mais, dans la langue où il est écrit, soyez sûr que peu, très peu de gens le verront et lui rendront la justice que lui rend son passionné et constant admirateur. »

On voit, par tout ce qui précède, que Guadet, dans ses rapports administratifs, ne s'enfermait pas dans une sèche nomenclature de ce qui avait été fait, et dont il devait rendre compte. Il jetait, çà et là, un aperçu nouveau, des idées générales, ne plaisant peut-être que médiocrement à l'Administration, mais qui faisaient le succès de ses écrits auprès des hommes spéciaux et vraiment compétents. Ce sont ces hardiesses de pensées qui font, qu'aujourdhui, à plus de 30 ans de distance, nous relisons ces travaux avec intérêt et profit.

CHAPITRE III

Ecrits adressés aux instituteurs d'aveugles

§ I. Collaboration aux revues spéciales

C'est dans les *Annales de l'éducation des aveugles et des sourds-muets* dirigées par Morel, que Guadet commença à publier la longue suite de ses écrits spéciaux dont je vais m'occuper maintenant. Sa collaboration à cette revue fut très assidue et très importante ; si je feuillette la table des matières, je trouve bien que le D^r. Ratier, Dufau, de la Sagra, Borg y ont écrit sur les aveugles, mais leur collaboration fût tout à fait accidentelle et ne peut être comparée à celle de Guadet, qui de 1844, date de la fondation des Annales, à 1850, a donné :

1844 Exposé du système d'écriture en points saillants ;
1845 Les aveugles mécaniciens ;
1846 Les aveugles musiciens ;
1847 Société d'encouragement pour l'industrie nationale, M. Montal ;
1848.-49 Histoire de l'Institut national des jeunes aveugles de Paris ;

Ce fut le dernier travail qu'il fit pour les annales, il est très considérable, et parut en volume en 1850 ; j'en parlerai plus loin.

Ces autres articles sont tous intéressants, consciencieusement étudiés, et, tirés à part, ils formèrent des petites brochures pour la propagande.

Guadet écrivit aussi dans le *Bienfaiteur des sourds-muets et des aveugles* de l'abbé Daras ; mais très peu, il est à peine utile de parler de cette collaboration.

§ II. L'INSTITUTEUR DES AVEUGLES

Enfin, en 1855, dans les circonstances que j'ai rapportées plus haut, fut commencée la publication de l'*Instituteur des aveugles* ; ce recueil si remarquable, et où l'on trouve tant de renseignements utiles. Sous le titre de prospectus, Guadet indique très nettement la ligne de conduite qu'il voulait tenir dans cette publication et dont il ne se départit jamais.

« Plusieurs fois des publications importantes ont été conçues et exécutées dans l'intérêt commun des aveugles et des sourds-muets. D'autre part, ces publications ont presque toujours été faites sous l'impression, sinon exclusive, du moins dominante, d'une commisération que nous croyons plus généreuse qu'éclairée, plus digne d'éloges que féconde en résultats utiles.

Nous ne ferons pas mieux sans doute qu'on a fait avant nous, mais nous ferons autrement qu'on a fait. D'abord, nous ne nous occuperons que des aveugles, parce que nous croyons qu'il ne faut parler que de ce que l'on connaît, et aussi parce que le sujet, et par son importance et par son étendue, suffit amplement à une tâche proportionnée à nos forces. En second lieu, nous ne parlerons que d'éducation et d'enseignement, non que nous méconnaissions le mérite et l'utilité de travaux faits à un autre point de vue, mais parce que nous nous accommodons mieux d'une spécialité plus restreinte. Les procédés d'enseignement et d'éducation à l'usage des aveugles, les améliorations introduites ou à introduire dans ces procédés, les découvertes et inventions, quelquefois même les simples faits utiles ou intéressants pour les aveugles, l'analyse de leurs œuvres ou les circonstances curieuses de leur vie, voilà ce qui composera notre programme ; et voici sous quelle forme il se développera :

1er Vues générales, méthodes et procédés.
2me Découvertes, inventions, bibliographie.
3me Nouvelles et faits divers.
4me Biographies.

Quant à l'esprit de notre journal, peu de mots le caractériseront : Voulant moins étonner qu'être utile, nous chercherons toujours le vrai, proscrivant ce charlatanisme et ces exagérations qui ne servent qu'à exciter la défiance et à jeter du doute sur les faits les mieux avérés. Nous serons progressifs mais sans témérité, parce que autant un sage progrès est utile, autant des tentatives aventureuses ont de danger. Nous ne ferons point usage de ce procédé trop commun qui consiste à décorer la première page d'un livre d'une série de noms d'hommes plus ou moins célèbres ; mais nous appelerons de tous nos vœux, la coopération de tous ceux qui savent, Français ou Étrangers, et leurs noms inscrits au bas des lignes qu'ils auront écrites, deviendra, pour notre publication, non plus un patronage suspect, mais une recommandation réelle. Enfin, nous dirons à l'étranger ce qui se fait ou devrait se faire en France pour les aveugles, et nous demanderons à l'étranger de vouloir bien à son tour dire à la France ce qu'il a fait et ce qu'il se propose de faire. De cet échange de communications officieuses sortiront, nous en avons la confiance, plus d'une amélioration dans le sort des aveugles ; car, éclaircir la marche de ceux qui les dirigent, c'est leur assurer tous les avantages que les lumières peuvent produire. » (1)

Quoique un peu long, j'ai voulu citer entier ce document, par ce que c'était le meilleur moyen de montrer dans quel esprit Guadet entreprenait cette lourde tâche.

Esprit pratique plutôt que théorique, s'appuyant surtout sur les faits, ce fut celui qui inspira d'ailleurs tous ses travaux ; il écrivait précisément dans l'*Instituteur* ces paroles si vraies : « à tout raisonnement on peut opposer un raisonnement contraire ; à l'exemple, il n'y a rien à objecter. » (2)

Dans l'*Instituteur*, on voit que Guadet est fonctionnaire d'une école ; cette école tient beaucoup

(1) Instituteur.- t.-p. 1.
(2) Instituteur, t, IV. (page 139) n° 8.

de place dans ses écrits ; elle en tient peut-être même trop, en ce sens que quelquefois l'*Instituteur* semble être tout à fait les annales de l'Institution de Paris ; mais, à cela, il y a beaucoup d'excuses ; Guadet avait sous les yeux cet établissement, qui est sans contredit un des plus beaux et des plus complets du monde ; et il pensait que tout ce qui s'y faisait pouvait intéresser ses lecteurs. Il tint toujours énormément à l'exactitude des détails, des appréciations, et quand parmi ses collaborateurs il s'en trouvait qui, faute d'expérience, embouchaient la trompette pour proclamer très haut, le mérite, la supériorité de tel ou tel établissement, qui citaient, comme très remarquable, un fait assez ordinaire, Guadet ne se gênait guère pour remettre tout cela à sa place et pour dire qu'il ne fallait pas prendre au pied de la lettre toutes ces appréciations.

C'est dans la 2ᵐᵉ année de l'*Instituteur* que fut commencée la publication du grand ouvrage « *de la Condition des aveugles en France* », dont je parlerai plus loin ; dans la troisième année, pendant laquelle le Ministère de l'Intérieur avait souscrit pour 150 exemplaires devant être envoyés dans les principales bibliothèques de France, on voit presque à chaque numéro une école de l'étranger écrire qu'elle adopte, tout au moins qu'elle apprécie beaucoup le système Braille ; Guadet est très fier de ce résultat, il le revendique comme étant l'œuvre de l'*Instituteur* ; et il n'a pas tort, car la propagande intelligente et active, qu'il ne se lassait de faire en faveur de notre admirable système dût contribuer puissamment à sa diffusion.

Au début, afin de bien établir le caractère pédagogique de ce recueil, Guadet faisait commencer les volumes de l'*Instituteur* avec l'année scolaire, c'est-à-dire , au 1er octobre ; à dater de la 4me année, jugeant que ce caractère pédagogique était suffisamment établi , il commença au mois de janvier, comme la plupart des journaux. Dans la 5me année, Guadet annonce qu'il va traiter de l'esprit des écoles d'aveugles, principalement en France, en Belgique, en Angleterre, en Allemagne et aux Etats-Unis. Mais, par le fait, il ne s'étend que sur la France, et surtout sur l'école de Paris, disant qu'elle a servi de modèle à la plupart des écoles Françaises.

Alors il explique dans tous ses détails l'organisation de cette école, son réglement, son plan d'étude, etc. Le fond de ce travail est toujours formé par le mémoire de 1853, seulement rajeuni, mis au niveau de l'état actuel de l'Institution.

Cette étude avec celle « *de la Condition des aveugles en France* » et celle « *de la Première éducation des enfants aveugles*, sont les seuls écrits de longue haleine que Guadet ait fait paraître dans l'*Instituteur*.

La publication des Girondins (1861) (1) vint

(1) *Les Girondins, leur vie privée, leur vie publique, leur proscription et leur mort*, par J. Guadet. 2 volumes in-8° (1867). 2 volumes in-12 (1862). Médaille d'or de l'Académie de Bordeaux. Paris, Didier, éditeur.

troubler celle de l'*Instituteur*, elle fut cause d'un grand retard dans la composition et dans l'envoi des numéros qui dès lors furent expédiés plusieurs à la fois, et sans aucune régularité ; aussi, à partir de ce moment, l'*Instituteur* perdit son caractère de publication périodique, on ne savait jamais quand il paraîtrait, les collaborations sérieuses devenaient rares, et Guadet, dans ses numéros publiés par groupe, faisait, il faut bien l'avouer, un peu de remplissage, il traduisait les rapports étrangers, il publiait des choses qui n'avaient pour les aveugles qu'un intérêt indirect, telle est, par exemple, la notice sur la langue musicale de Sudre ; il se fatiguait, il s'épuisait, et ne donnait plus des travaux ayant un caractère vraiment personnel. Enfin, quand en janvier 1865, Guadet dit adieu à ses lecteurs, il était de plus d'un an en retard, puisqu'il publiait les derniers numéros de 1863.

Quoiqu'il en soit, *l'Instituteur des aveugles*, fut et demeure une publication spéciale des plus remarquables. Elle a rendu beaucoup de services, a beaucoup participé à la propagation du système Braille, et à l'extension des études musicales, elle a fait connaître à l'étranger ce que nous faisions en France, et a initié la France à ce que l'on faisait à l'étranger

L'Instituteur était tenu en grande estime par les spécialistes de tous les pays, qui en reconnaissaient hautement l'utilité ; voici, par exemple, ce qu'écrivait, en 1866, M. Moldenhawer, directeur de l'Institut royal de Copenhague, « Mon cher Monsieur Guadet, Il y a longtemps que je n'ai eu de vos nouvelles, ni vous ai envoyé des miennes. Ce n'est pas seulement à cause des sentiments de respect et de dévouement que vous m'avez inspiré par vos travaux et vos ouvrages, dans l'intérêt des aveugles, que je regrette ce manque de correspondance entre nous, c'est aussi la conviction que je pouvais profiter beaucoup par votre expérience et vos bons conseils. Oui, monsieur, il faut bien le dire, la cessation de l'*Instituteur des aveugles* a causé un vide sensible ».

On peut lui reprocher, cependant, d'avoir eu trop la physionomie de la publication d'une personne et de ne pas avoir réuni assez de collaborateurs (1). Guadet était trop seul, et il finit par succomber sous le double fardeau de la dépense matérielle et de la périodicité. Mais, en toute justice, peut-on lui en faire un reproche? Il faut se reporter à l'époque à laquelle cette publication fut entreprise, et, quand on voit la difficulté que

(1) Voici la liste des personnes qui écrivirent dans l'Instituteur. Il faut remarquer que, pour la plupart, chacune d'elle n'y écrivit qu'une fois, ce n'était donc pas des collaborateurs habituels, goupés autour de la direction, qui l'aident et la soutiennent :

Ballestéros, de Madrid. — Ballu, de Paris. — Le comte M. de Bentheim Teclembourg. — Binet de Paris. — Charles Bourseul. — Edouard P. Capp, de Pensylvanie. — Le D^r. Flemming, de Hanovre. — Gauthier, de Paris. — Miss Gilbert de Londres. Hirzel, de Lausanne. — Le frère Julien, de Bruxelles. — Knie. de Breslau. — Moldenhawer de Copenhague. — Le D^r. Pollak, de Saint-Louis-du-Missouri. — L'abbé Princi, de Naples. — Schiotte de Copenhague. — Le Dr Sigaud, de Rio de Janeiro,

l'on a encore aujourd'hui, où l'on s'occupe beaucoup plus des aveugles qu'en 1855, pour arriver à
créer et à soutenir un organe périodique consacré
à notre cause, on est pris d'admiration pour un
homme qui, il y a 30 ans, sut presque à lui seul
alimenter pendant 8 années une publication de
cette importance qui lui coûtait tant de travail.
Auprès de ce que fit Guadet, notre tâche est
presque un jeu d'enfant : il a ouvert la voie, il l'a
déblayée ; après tout, nous ne faisons que le suivre, que marcher derrière lui, c'est lui qui a semé,
c'est nous qui récolterons : honneur soit rendu au
semeur !

§ III. Histoire de l'Institution

Le premier ouvrage de longue haleine que
Guadet publia sur les aveugles fut celui intitulé :
*Institut des jeunes aveugles de Paris, son histoire
et ses procédés d'enseignement* (1850), qui avait
paru en articles dans les *Annales de l'Education
des sourds-muets et des aveugles*, de Morel. Cet
ouvrage se divise ainsi :

Chap. I. — Origine et état primitif de l'Institut, 1784-1791 ;
Chap. II. — Période de décadence, 1791-1814 :
Chap. III. — Régénération de l'Institut, 1814-1840 ;
Chap. IV. — Etat actuel de l'Institut.

Dans ce travail, Guadet a le plus grand souci
d'être impartial et exact ; il entre dans beaucoup
de détails sur la direction du Dr Guillé, et discute,
point par point, les assertions que ce directeur
intelligent, habile, mais un peu charlatan, n'avait

9

pas craint de faire dans son écrit sur les aveugles. Cette histoire dut lui demander beaucoup de travail, beaucoup de recherches ; elle est en somme aussi complète qu'il était possible de la faire en 1850, et c'est encore là qu'il faut aller chercher des renseignements, lorsqu'on désire étudier l'œuvre d'Haüy.

« Dans tous les cas, dit Guadet en finissant, on ne pourrait relever dans cet écrit que des erreurs involontaires » ; c'est vrai, non seulement dans cet ouvrage, mais dans tous ceux sortis de la plume de Guadet ; il put commettre des erreurs, quel est l'auteur qui n'en commet pas ? mais assurément il fut toujours de bonne foi, et il n'écrivit jamais quelque chose qu'il ne pensa pas. Cette histoire devait avoir une seconde partie, dans laquelle les procédés d'enseignement de l'Institution auraient été décrits ; le titre du livre, et cette phrase finale « reste maintenant à exposer nos procédés d'enseignement » l'indiquent clairement ; mais ce projet ne fut jamais réalisé.

L'exposé des systèmes se trouve sans doute dispersé un peu dans tous ses écrits ; mais Guadet abandonna ou n'eût jamais le temps de réaliser l'idée consistant à faire une seconde partie de son histoire, dans laquelle, après la partie historique se serait trouvée la partie pédagogique.

§ IV. — DE LA PREMIÈRE ÉDUCATION DES ENFANTS AVEUGLES

En 1859, Guadet publia un volume sous ce titre :

« *De la première éducation des Enfants aveu-*
gles, d'après J.-C. Knie, chef de l'enseignement
à l'Institut des Aveugles de Breslau et Georgie,
directeur de l'Institut des aveugles de Dresde,
et aperçus généraux sur l'éducation et l'enseignement des jeunes Aveugles, par Guadet, chef
de l'enseignement à l'Institution impériale des
jeunes Aveugles de Paris (1). » Après avoir donné
toute la traduction de l'ouvrage de Knée, Guadet
traduit beaucoup de passages de celui de Géorgie;
et cela sans faire une synthèse des deux ouvrages
car souvent il traduit des fragments dans Géorgie
qui sont textuellement dans Knie.

Il en résulte que c'est moins un livre, un traité,
qu'un recueil de conseils puisés çà et là, et qui
ne sont pas fondus en un seul travail. Ce recueil
peut être lu avec intérêt, avec fruit, par des hommes spéciaux ; il peut servir à faire un livre sur
cette matière, mais tel que Guadet l'a publié, ce
ne serait pas du tout un manuel pratique à dis-
tribuer aux parents des enfants aveugles; à moins
que ces parents ne fussent très intelligents, et
qu'il sussent eux-mêmes feuilleter le livre d'un
bout à l'autre, rapprocher les conseils qui se rap-
portent à la même chose.

Un manuel de ce genre doit-être, il me semble,
essentiellement simple, pratique et court. Guadet

(1) Ce petit traité sera suivi de deux autres : 1ᵉ de l'Education
et de la discipline dans les Instituts d'aveugles ; 2ᵒ de l'Enseignement dans les Instituts d'aveugles (Paris 1859). Ce volume
est extrait de l'Instituteur ; 3ᵒ année (année scolaire 1857-58),

a préparé le travail, mais il ne l'a pas achevé ; d'ailleurs ce n'était peut-être pas son intention. A ces traductions, il joint quelques idées personnelles, excellentes en elles-mêmes, mais qui, par la forme qu'elles révèlent, ne s'adressent pas directement aux parents. Evidemment, cette étude a été faite surtout en vue des lecteurs de l'*Instituteur*, mais non dans le but de faire ce traité, qu'il serait si nécessaire de placer entre les mains de tous les parents d'enfants aveugles. En somme, il y a très peu mis d'idées nouvelles, et d'ailleurs dans ses écrits, il n'a jamais cherché à étonner par des systèmes inédits ; il s'est toujours appliqué avec beaucoup de bons sens, à mettre en honneur les idées des choses utiles, et c'est là son mérite, mérite beaucoup plus grand, à mon avis, que s'il avait voulu, à tout prix, faire et dire du nouveau, comme tant d'hommes plus préoccupés de leur réputation que du bien à réaliser.

Cet ouvrage eut un grand succès en Espagne, la reine Isabelle, à qui Guadet le fit offrir, voulut se le faire lire, et en fut très satisfaite. Il dut aussi être traduit en Espagnol, par M. Ballestéros, directeur de l'Institution des aveugles de Madrid, mais ce projet ne reçut pas d'exécution.

§ V. De la condition des aveugles en France

Il me reste à parler maintenant *de la Condition des aveugles en France*, parue dans l'*Instituteur* de 1856-1857 et publiée en volume en 1857. Cet ouvrage est sans contredit, l'ouvrage maître de Guadet sur la question des aveugles ; c'est le plus considérable par son étendue, et le plus considérable aussi par la portée des observations qu'il renferme; c'est pour cela que je me suis réservé d'en parler en terminant la revue des écrits adressés par Guadet aux instituteurs d'aveugles.

Cette étude est divisée en trois parties ; la première, intitulée: « *de l'éducation et de l'enseignement donnés aux enfants aveugles* », comprend cinq chapitres : 1er Education, 2me Enseignement intellectuel, 3me Enseignement musical, 4me Enseignement industriel, 5me Conclusion.

Cette partie a été puisée tout entière dans le mémoire de 1853, c'est très intéressant; mais peut-être y a-t-il un peu trop de discussions de famille, qui ne doivent être utiles qu'aux personnes directement attachées à l'école dont cette partie traite.

La seconde partie, qui a pour titre : *Des aveugles adultes et de l'emploi donné à leurs facultés*, comprend trois chapitres : 1er Les aveugles peuvent-ils vivre de leur travail? 2me Par quels moyens à l'étranger est-on venu en aide aux ouvriers aveugles ? et là, Guadet divise ce qui a été fait en quatre systèmes « 1er système, Ouvriers adultes conservés dans les écoles, Manchester; 2me système, Avances faites aux ouvriers aveugles Bristol et Philadelphie ; 3me système, Travail fourni aux aveugles à domicile ou dans les ateliers communs, Edimbourg, Glascow, Boston, New-York ; 4me système, Asiles ouverts aux ouvriers aveugles, Amsterdam. Vienne, Lausanne. 3me Qu'a-t-il été fait en France pour venir en aide aux ouvriers aveugles ?

Enfin, dans la troisième partie : « *Que reste-t-il à faire en France dans l'intérêt des aveugles enfants ou adultes* », se trouvent ces trois chapîtres ; 1er A-t-on fait en France ce qu'il fallait faire ? 2me Plan d'une organisation générale ; 3me Moyens d'exécution ; Résumé général.

On le voit, ce livre embrasse à peu près toute la question des aveugles. Tous ceux qui s'en occupent, au moins en France, doivent l'avoir lu et médité avant de se lancer dans la pratique, afin d'éviter les expériences, périlleuses pour tous, aussi bien pour ceux qui les font, que pour ceux qui en sont l'objet. Dans la seconde partie, qui traite des ouvriers aveugles, Guadet passe en revue tout ce qui s'est fait à l'étranger, la France étant peu riche à cet égard ; mais, pour ce qui est de l'enseignement intellectuel et l'enseignement musical, l'étranger est laissé de côté ; Guadet pensait, probablement, que, du moins à l'époque (1) à laquelle il écrivait, nous n'avions rien à lui emprunter, relativement à cet enseignement. Dans cet ouvrage, comme dans tous les autres, Guadet dit toujours très franchement et très librement son avis ; il n'aimait

---

(1) En 1857, le collège Woccster, et le royal normal collège de Londres, n'étaient point créés.

pas les réticences, il écrivait et il disait relativement à une interprétation qu'on voulait donner à quelques unes de ses paroles : « je n'ai voulu dire que ce que j'ai dit, et il n'est pas dans mes habitudes de faire autrement » (1).

La condition des aveugles en France fut offerte, par son auteur, à un certain nombre de souverains, et, en général, elle fut parfaitement accueillie, Guadet savait fort bien écrire dans ces circonstances, il prenait beaucoup de soin pour que l'ouvrage, dont il désirait faire hommage à un souverain, lui fut remis en mains propres, et cela dans de bonnes conditions, et nous voyons qu'il réussissait bien par des lettres très flatteuses qu'il reçut dans diverses occasions.

§ VI. — Projet d'un ouvrage psychologique

Je ne veux pas terminer ce chapitre sur les œuvres pédagogiques de Guadet, sans parler du projet qu'il eut, on le voit par quelques notes prises comme tant d'autres sur des chiffons de papier, de faire une étude psychologique sur les aveugles, qu'il comptait intituler : *Les aveugles-nés jugés et peints par eux-mêmes.* Au surplus qu'on me permette de reproduire ici quelques-unes de ces notes, ce sera les sauver de l'oubli, et elles montreront mieux que je ne saurais le faire dans quel but et avec quelles idées, Guadet voulait entreprendre ce travail.

(1) Lettre au secrétaire général du ministère de l'Intérieur (17 novembre 1855.)

Les aveugles-nés jugés et peints par eux-mêmes.

« L'Institution se compose de professeurs aveugles très éclairés, qui ont beaucoup réfléchi, de jeunes gens aux impressions toutes fraîches; j'ai lu avec les uns et avec les autres tous les ouvrages qui ont été faits sur les aveugles.

Il résulte de là qu'on ne les connait pas ; (passer en revue ces ouvrages) tous répètent les mêmes contes depuis Diderot.... Voici comment j'ai procédé. Tous les points que j'ai voulu traiter, je les ai traités contradictoirement avec des aveugles ; quand ils sont unanimes, je le dis ; quand ils sont différents, je le dis ; dans tous les cas, je hasarde une opinion.

Ce livre peut être considéré comme fait par toute l'Institution ; j'ai été le secrétaire, les professeurs, les élèves l'ont dicté.

Du reste, je n'ai jamais fait abstraction de mon jugement, je donne aussi mon avis. »

Et voici comment Guadet comptait procéder: il rédigeait une sorte de questionnaire qu'il eût rempli peu à peu, j'en citerai quelques lignes. « Demande : Retenez-vous mieux lorsque vous avez écrit une chose sous la dictée, ou lorsque vous l'avez entendu lire ? Réponse : Mieux quand nous avons entendu lire, (c'est le contraire des clairvoyants). Retenez-vous mieux lorsque vous lisez vous-même ou lorsque vous entendez lire ? Réponses partagées. Mais tous pensent qu'ils savent plus rationnellement lorsqu'ils entendent lire que lorsqu'ils lisent, parce que, lorsqu'ils lisent, la mémoire des localités les aide, et ce qui est ainsi appris se matérialise pour ainsi dire et doit se perdre avec l'oubli des localités.

Et, avec des questions de ce genre, il y aurait eu aussi des observations faites sur place ; évidemment, ce travail eût été très curieux pour le psychologue et pour le maître spécial ; Guadet avait tout ce qu'il fallait pour l'entreprendre, et pour le mener à bonne fin. Homme d'une sincérité absolue, exempt de préjugés sur les aveugles ; il eût pu, procédant de la sorte, nous laisser sur eux, une étude psychologique très curieuse sinon très utile et qui reste encore à faire.

CHAPITRE IV

Ecrits adressés au public

C'est dans ce genre d'écrits que Guadet a été le moins fécond, peut-être le moins heureux. Le premier travail qu'il fit pour être lu par tout le monde parut en 1855 sous le titre : « *Institution Impériale des jeunes aveugles*, par J. Guadet, chef de l'enseignement, dans un recueil intitulé, *Le Tableau de Paris*. En 1866, il donna uu article à la *Revue Française*, recueil mensuel, où écrivaient Lucien Biart, Jules Claretie, J. Demogeot, Victor Fournel, Arsène Houssaye, Leconte de Lisle, J. Noriac, Antonin Rondelet, Francisque Sarcey, Pierre Véron, etc, etc.

Et, en 1870, Ducrocq, éditeur du volume : *Les Bienfaiteurs de l'humanité*, lui demanda une biographie de V. Haüy, qui fut placée auprès de celle de l'abbé de l'Epée, par Berthier ; de Montgolfier, par de Gerando ; de Cochin, par A. Cochin, etc. Enfin, en 1878, sur la prière de son compatriote, M. Buisson, directeur de l'enseignement primaire, il fit, pour le dictionnaire de pédagogie et d'instruction primaire, plusieurs articles, dont le plus important de beaucoup. est celui sur le mot *aveugle*. Cet article, quoique déjà d'une assez grande étendue, devait être plus considérable encore, c'est ce que nous apprend une lettre de M. Buisson, dans laquelle il prévient Guadet que l'espace manque, et qu'il est obligé de diminuer presque de moitié tous les travaux qui doivent prendre plaee dans ce dictionnaire.

Le caractère de cet article devait être mixte, mais plutôt pédagogique, aussi le genre de Guadet y fut bien approprié ; tandis que dans les écrits précédents, insérés au *Tableau de Paris*, à la *Revue Française*, dans *les Bienfaiteurs de l'humanité*, il fallait surtout donner des idées générales sur les aveugles, indiquer les grandes lignes, mais ne pas trop descendre dans des détails historiques ou techniques, qui ne peuvent intéresser la majorité des lecteurs.

Guadet ne prit pas assez garde à cet écueil ; ne le vit-il pas ? j'en doute, il avait un esprit trop juste pour cela ; mais, étant surchargé de travail, lorsqu'on lui demandait un article, pour une des collections dont je viens de parler, il cédait à la tentation bien naturelle de prendre, sans les remanier de fond en comble, dans ses écrits antérieurs, les passages qui pouvaient le mieux être appropriés au besoin du moment ; c'est ainsi que l'article du *Tableau de Paris* et la biographie de V. Haüy furent tirés presque en entier de son histoire *de l'Institution ;* l'article de la Revue Française *de la Condition des aveugles en France*, et *de la première Education des enfants aveugles ;* celui du dictionnaire Buisson, de tous ses travaux réunis.

Cependant Guadet savait bien comment il fallait parler à ce grand public ; je n'en veux pour preuve que le passage suivant, qu'on trouve à la fin de son article du *Tableau de Paris* : « Une question nous est souvent adressée ; que deviennent ces enfants lorsqu'ils ont quitté le toit hospitalier qui abrita leur jeune âge ?

Eh ! mon Dieu, disons-le tout de suite : c'est avec bien de la peine qu'ils parviendront à gravir tristement le sentier de la vie ; jetés dans le monde sans autre appui qu'eux-mêmes, ils auront bien souvent à lutter contre la misère. De la part des aveugles tout étonne, tout ce qu'ils font est merveille et provoque les plus étourdissantes ovations, mais toutes ces démonstrations cachent de cruelles réticences, et l'amour propre des voyants sait bien faire ses réserves ; ces merveilles sont des merveilles relatives, et seulement parcequ'elles sont le fait d'un aveugle. Aussi quand le malheureux aveugle, sur la foi d'éloges trompeurs, se présentera dans le monde pour lui demander l'emploi de son savoir, de son talent, de son industrie, lorsqu'on ne verra plus en lui qu'un solliciteur, à peine alors comprendra-t-on qu'un aveugle soit capable de raisonner, de sentir, de se mouvoir ; qu'il crée des prodiges, on refuse d'y croire ; qu'il se montre aussi habile, quelquefois plus habile que les voyants. On répète encore qu'il est impossible qu'un aveugle puisse en rien être

comparé au voyant. Mais ce n'est pas tout :
incapable de se guider seul, l'aveugle devra
pourvoir à la subsistance de deux ; ou le voyant
gagnera son pain, l'aveugle, déjà condamné par la
nature à faire moins que le voyant, n'aura guère
trouvé que la moitié du sien, il lui faudrait gagner
double salaire ou peu s'en faut. Oh ! oui, le
sentier de la vie est bien semé d'épines pour le
malheureux aveugle ! Mais, comme par une
espèce de compensation, le ciel a mis dans son
âme une force et une persévérance qui ne fléchis-
sent devant aucun obstacle. » (1)

Et, ailleurs, il disait encore ; (2) « Oh ! ce n'est
pas le savoir, ce n'est [pas le talent, ce n'est pas
l'amour du travail, ce n'est ni le courage, ni la
constance qui manquent au jeune aveugle qui
s'en va : il a de tout cela tant qu'il en faut ; et
si tout cela suffisait, son sort serait assuré. Ce
qui lui manque trop souvent, à son entrée dans
la société, ce sont les moyens de premier établissement ; ce sont des esprits élevés, des cœurs
chaleureux qui sachent comprendre ce qu'il y a
de beau, de sublime dans un aveugle qui, fort
de son savoir, de son talent, de son aptitude
au travail, vient demander sa place au milieu
des voyants ; qui sachent comprendre ce qu'il a
dû lui coûter de peines et de sueurs pour éclairer
son intelligence, pour développer son talent, pour

(1) Tableau de Paris page 24 colonne 2.

(2) Discours prononcé à la distribution des prix 1855. —
Palmarès, page 9.

rendre ses mains capables d'exécuter les conceptions de sa pensée; ce qu'il lui faut tous les jours de constance et de courage pour accomplir la tâche qu'il s'impose! »

C'est ainsi qu'il faut écrire, quand on parle à tout le monde, il faut faire vibrer ces cordes-là, montrer plutôt ce qu'est l'aveugle dans la société, que ce qu'il est dans les murs de l'école spéciale.

Tout ce que je viens de dire, je l'ai écrit sans scrupule, parce que si Guadet vivait, si je pouvais avoir l'honneur de lui soumettre ces appréciations, je suis convaincu qu'il les ratifierait; car ce que je développe ici se trouve implicitement contenu dans une note que j'ai été très heureux de découvrir au milieu de ses papiers; voici textuellement, ce qu'elle renferme :

LES AVEUGLES

« *Leur capacité, leurs droits dans la société, leur condition présente, leurs légitimes aspirations.*

« Depuis 25 ans je vis avec les aveugles, je me suis voué à les relever.

« Il me reste à résumer tout ce que j'ai écrit, en un livre de lecture facile, à leur payer ainsi ma dette toute entière.

« Il y a en France un mouvement, rapide et puissant, vers l'amélioration des classes souffrantes.

« J'apporte une pierre à l'édifice.

« Je veux être complet, je ne craindrai pas de me répéter, je resserrerai tout ce que j'ai dit: c'est un résumé.

« Je tiens à laisser un monument, à résumer de mes écrits tout ce qui peut-être fait et dit sur les aveugles pour le public. *Mes écrits sont pour les gens du métier, celui-ci pour le public.*

« Chose remarquable, les aveugles inspirent des sympathies profondes à quelques gens, ils montrent des aptitudes qui laissent la foule ébahie. Eh bien ! il y a un tel préjugé qu'ils ne sont bons à rien, qu'il n'y a pas en leur faveur un intérêt général, comme pour les orphelins, pour les femmes, même pour les petits vagabonds.

« Les aveugles sont-ils donc en si petit nombre qu'ils ne vaillent pas la peine qu'on s'en occupe ? N'y a-t-il pas lieu de faire un livre qui, par le sujet au moins, prenne place parmi tout ce qui a été écrit sur les misères de l'humanité et sur les moyens de les secourir ; on a parlé des orphelins, des ouvriers, des ouvrières surtout, je parlerai des aveugles, c'est mon lot.

« Je les ferai connaître, comme les connaissant bien, les ayant pratiqués, étudiés, comme leur représentant.

« L'aveugle a souvent été comparé au sourd-muet, et presque toujours au profit de celui-ci, donnons donc enfin le pas à l'intelligence sur la matière.

« Il ne serait pas difficile peut-être de découvrir pourquoi il n'y a pas propension générale

pour l'aveugle, c'est qu'il est laid, souvent défi-
guré, quelques uns pénibles à voir, et on lui fait
payer cette laideur; il n'en est pas de même du
sourd-muet.

« M. Dufau a fait un ouvrage philosophique et
métaphysique, je fais un ouvrage pratique, d'économie politique. Ainsi considéré le sujet grandit. »

Il est très regrettable, que Guadet n'ait pu
faire ce livre dont il concevait si bien le plan et
l'utilité ; son œuvre eût été complète dans cette
trilogie, étude historique, dans l'histoire de
l'Institution, traité pédagogique, dans la condition
des aveugles en France, et enfin livre de vulgari-
sation et de propagande, dans ce dernier ouvrage
inexécuté ; mais ne nous plaignons pas trop. Ce
que Guadet a fait, c'est le plus difficile, ce qu'il
n'a pas eu le temps d'achever est le plus facile ; et
les ouvrages techniques qu'ils nous a laissés sont
de véritables richesses et doivent être *le vade
mecum*, de tous ceux qui s'occupent des aveugles.

CONCLUSION

En terminant cette étude, qui semblera peut-
être trop longue, non, vu l'importance de son
objet, mais à cause de l'inhabileté de son auteur,
je suis heureux de citer les quelques lignes fermes
et concises, par lesquelles, en 1871, M. Levitte
récemment appelé à succéder à M. Guadet, dont
il avait été longtemps le collaborateur, résumait
parfaitement la carrière de son prédécesseur :

« Monsieur Guadet a, durant 30 années, donné
son temps et son cœur à l'éducation des aveugles
et à l'amélioration de leur condition. C'est à lui
que nous devons l'organisation rationnelle de notre triple enseignement intellectuel, industriel et
musical ; il a largement contribué à faire prédo-
miner le système d'écriture en relief de Braille,
ingénieux et puissant auxiliaire de notre enseignement. Tout dévoué aux intérêts de l'école, il se
fit l'apôtre des vérités qui ne trouvaient pas aisément quelqu'un qui voulut les dire ; à l'époque
ou la valeur des professeurs anciens élèves de
l'Institution était encore discutée, il a plaidé avec
persévérance et gagné une cause dont la perte
aurait, à tous égards, été funeste à l'établissement.

Lié par une correspondance active avec les

10

instituteurs d'aveugles d'Europe et d'Amérique,
M. Guadet a mis en lumière la supériorité de nos
systèmes et de nos méthodes, et, malgré la résis-
tance des amours-propres et des préjugés natio-
naux, il voit ses doctrines adoptées en Espagne,
en Italie, en Danemark et aux Etats-Unis.

Nul, parmi ceux qui s'intéressent à l'enseignement des aveugles, ne pourra oublier les services
que notre chef de l'enseignement a rendu à cette
noble cause dont il s'est fait l'interprète et le
défenseur.

Une vie qu'occupent seules la pratique du bien
et la culture des lettres a permis à M. Guadet de
publier, outre ses ouvrages de pédagogie spéciale,
divers écrits historiques remarquables par une
grande clarté, un rare discernement et une attention scrupuleuse à écarter ce qui est douteux.

De si honorables travaux ont valu à M. Guadet
de hautes distinctions et, récompense pour lui
plus précieuse, l'affection générale qui l'accom-
pagne dans sa retraite. » (1)

Oui, c'est aux aveugles que Guadet a consacré
la meilleure partie de sa carrière ; mais c'est
aussi par eux que son nom vivra. Avant un
demi-siècle, seuls quelques érudits se souvien-
dront qu'il y eut un Guadet historien, plusieurs
fois couronné par l'Institut, tandis que tous ceux

(1) Discours prononcé à la distribution des prix 1872, Palmarès,
p. 3. Cette étude sur J. Guadet était déjà écrite lorsque M. Emile
Martin, directeur de l'Institution nationale des Jeunes Aveugles,
lui consacra tout son discours prononcé à la distribution des prix
de 1884, discours qu'on lira avec intérêt. (Palmarès 1883-84).

qui s'occupent des Aveugles, tous les Aveugles, qui reçoivent de l'instruction, et le nombre en grandit chaque jour, n'oublieront pas que Guadet se dévoua à leur grande et belle cause. Son buste a été placé dans l'Institution nationale de Paris, auprès du buste de Braille, et non loin de la statue de Valentin Haüy.

Pendant sa vie, Guadet fut le constant admirateur de ces deux hommes. Durant plus de 30 ans, il continua, il étendit leur œuvre. Il est juste que maintenant son souvenir reste attaché à celui de Haüy et de Braille qui, d'après ses propres paroles, demeureront sans doute les deux plus grands bienfaiteurs des Aveugles.

Ouvrages et articles sur les aveugles
de J. Guadet

ANNÉE DE LA PUBLICATION. — 1844. — Exposé du système d'écriture en points saillants. (Annales de l'Education des sourds-muets et des aveugles de Morel, t, I. p. 80).

1845. — Les aveugles mécaniciens. (Extrait des annales). Fait suite à la biographie de Montal. Paris, imprimerie de Fain et Thunot, rue Racine, 28, près de l'Odéon, in-8° de 15 pages.

1846. — Discours sur les efforts que doivent faire les élèves. (Palmarès).

1846 et 1847. — Les aveugles musiciens. (Extrait des annales de l'Education des sourds-muets et des aveugles, III, 17, et 255. IV. 35 et 174. Paris imprimerie de Fain et Thunot, in-8° de 61 p.)

1847. — Société d'encouragement pour l'Industrie nationale. (M. Montal. Annales IV, 70).

1848. — Histoire de l'Institut national des aveugles de Paris. (Annales, V, 241 VI, 5, 81, 241), Publié en 1 vol. en 1850, sous le titre : *L'Institut des jeunes aveugles de Paris*, son histoire et ses procédés d'enseignement. Paris, imprimé par Thunot et Cⁱᵉ, in-8° de 115 p.)

1853. — Mémoire sur l'Etat de l'éducation et de l'enseignement dans l'Institution. (Paris Lith.

Houzeau, rue de l'Ecole de Médecine, 17. Petit in-4° de 42 p. lithographié).

1854. — Institut impérial des jeunes aveugles de Paris. Lettre. (Bienfaiteur des sourds-muets et des aveugles de l'abbé Daras, t, I. p. 44.)

1855. — Institution impériale des jeunes aveugles de Paris. (Extrait du Tableau de Paris.) Versailles, Beau Jeune, imprimeur, rue Satory, 28. Grand in-8° de 25 p. à 2 colonnes).

1855. — Discours sur les devoirs des professeurs et des élèves de l'Institution. (Palmarès de l'Institution des jeunes aveugles de Paris. Brochure in-8°.)

1855 à 63. — L'Instituteur des aveugles. Journal mensuel. (Publié d'octobre 1855 à décembre 1863. Paris 8 tomes in-8°.)

1856. — Discours sur les hommes distingués sortis de l'Institution. (Palmarès de l'Institution des jeunes aveugles de Paris. in-8°.)

1857. — Rapport sur l'état des fonds de la société de placement. (Compte-rendu de l'assemblée générale de cette société.)

1857. — Discours sur le mérite des professeurs de l'Institution. (Palmarès de l'Institution des jeunes aveugles de Paris, in-8.)

1857. — De la Condition des aveugles en France. (Extrait de l'Instituteur, hormis la lettre préface et la table des matières. Paris, in-8° de 184 p.)

1858. — Rapport sur les opérations de la Société pendant 1857. (Compte-rendu)

1859. — Compte-rendu des opérations de la Société pendant 1858. (Compte-rendu.)

1859. — Discours sur la tenue et les manières qu'il convient d'apporter dans le monde. (Palmarès de l'Inst., etc.)

1859. — De la première éducation des enfants aveugles, d'après J. G. Knie, chef de l'enseignement à l'Institut des aveugles de Breslau : K. N. Georgie, directeur de l'Institut des aveugles de Dresde et aperçus généraux sur l'éducation et l'enseignement des enfants aveugles par J. Guadet. (Paris-Extrait de l'Instituteur, in-8 de 115 p.)

1859. — De l'accord des pianos par les aveugles. (Extrait de l'Instituteur. Paris, in-8° de 18 p.)

1861. — Discours sur le respect dû aux maîtres par les élèves. (Palmarès de l'Institut.)

1863. — Discours sur les capacités et la situation des aveugles. (Palmarès de l'Institut).

1864. — De la langue musicale universelle. (Extrait de l'Instituteur).

1865. — Discours sur le respect dû aux traditions. (Palmarès de l'Institut).

1867. — Discours sur l'organisation de l'enseignement à l'Institution de Paris. (Palmarès de l'Inst.)

1868. — Discours sur la condition des aveugles instruits. (Palmarès de l'Inst.)

1870. — Valentin Haüy, 1745-1822 p. 153. Les Bienfaiteurs de l'humanité.(Etudes biographiques, Eugène Ducrocq, éditeur, Paris).

1878. — Ecoles d'aveugles, article de 5 p. in-8° à 2 colonnes. (Dictionnaire de pédagogie et d'instruction primaire, publié sous la direction de F. Buisson. Paris, Hachette, 1878 1ʳᵉ partie, pages 160 à 165. Livraisons 10 et 11.)

SANS DATE. — Des Institutions des jeunes aveugles. (Extrait de l'Instituteur).

Prospectus de la maison de Versailles.

A diverses époques, des journaux de Paris et des départements publièrent des articles sur les écrits spéciaux de Guadet, (Voir, par exemple : *La Presse*, du samedi soir, 2 août 1856. *La Gazette de France*, du samedi 11 avril 1857. (Edition du soir). *Le Mémorial Bordelais*, du vendredi 24 avril 1857. *Journal de Rouen*, du mardi 19 mai 1857. *Le Constitutionnel* du samedi 30 mai 1857. *Le Mémorial Bordelais*, du 19 février 1858. *Journal général de l'Instruction publique*, du samedi 10 avril 1858.

TABLE DES MATIÈRES

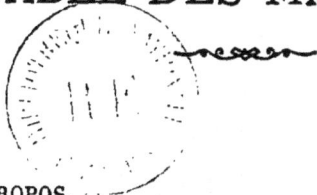

TROISIÈME PARTIE

J. GUADET ET LES AVEUGLES, ses Écrits.

Tournon, impr. Parnin.

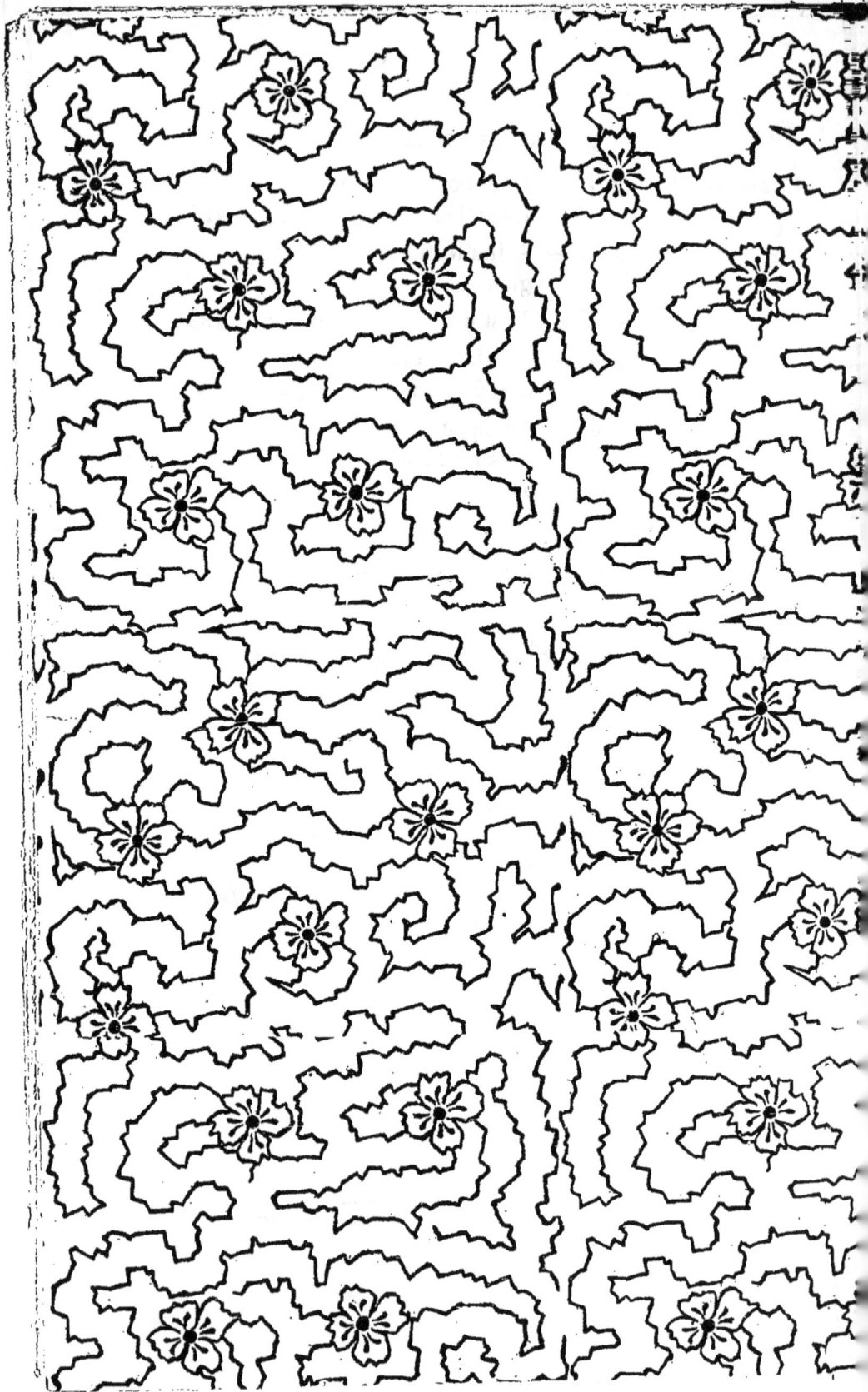

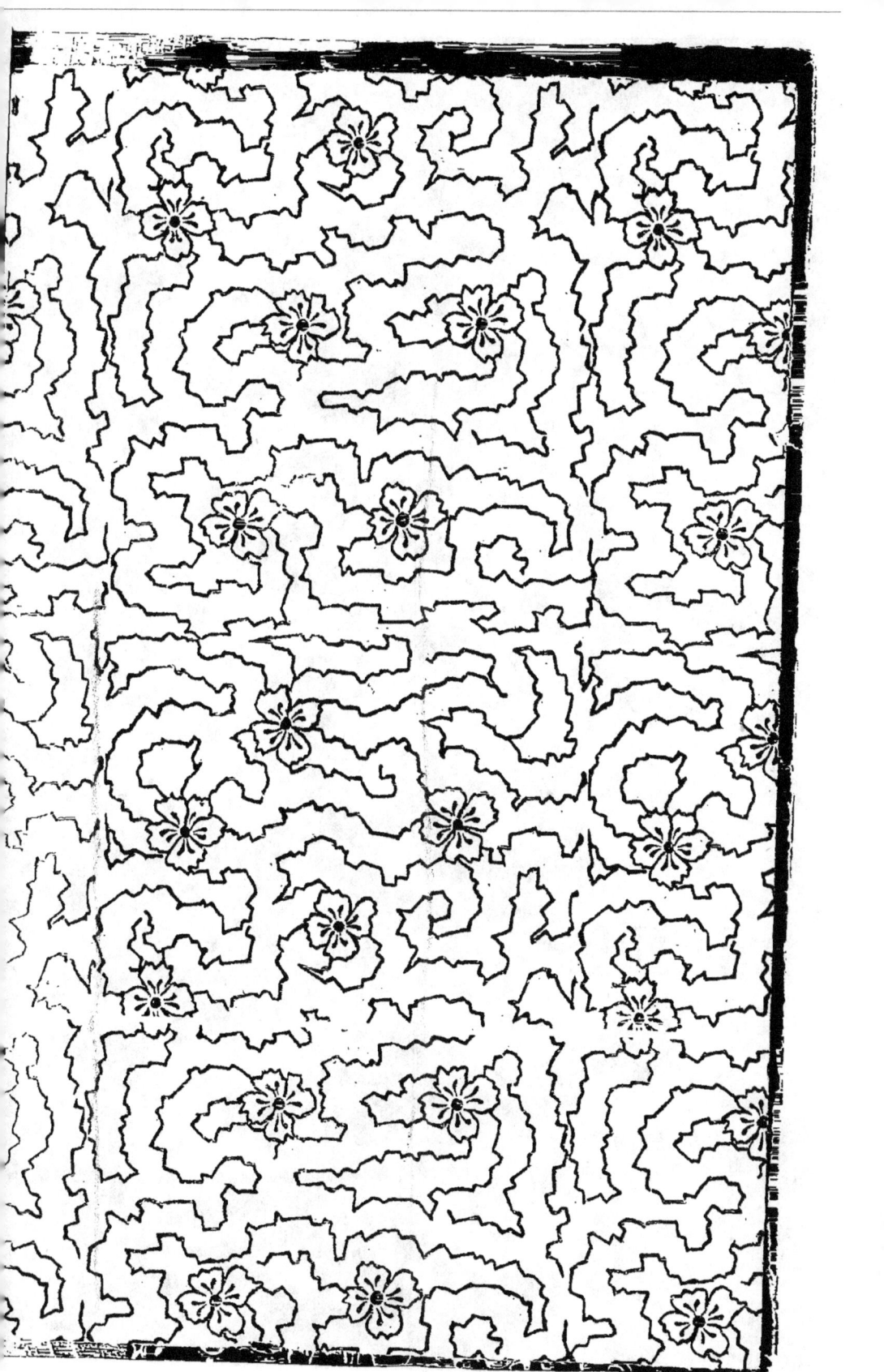

www.ingramcontent.com/pod-product-compliance
Lightning Source LLC
Chambersburg PA
CBHW060802110426

42739CB00032BA/2425